# 好妈妈要及早告诉儿子的事

陪·伴·男·孩·走·向·优·秀

邓馨 ○ 编著

中国纺织出版社有限公司

## 内 容 提 要

现代社会，无论是家庭还是社会，对男孩的责任的期许比较大，他们将来除了要承担更多的家庭责任外，社会责任和压力也在与日俱增。妈妈要培养优秀的男孩，就不能只关注男孩的成绩，而要及时更新自己的教育观念，教会他以男人的方式，更坚强、睿智地面对未来的挑战。

本书从教育心理学的角度出发，结合男孩的发育规律和心理特征，挖掘男孩天性中的优缺点，为妈妈全面介绍了如何从男孩的性格、品质、情商和智商等方面对其进行教养，并针对令妈妈头疼的具体的问题给予了指导，希望对广大的妈妈有所帮助。

**图书在版编目（CIP）数据**

好妈妈要及早告诉儿子的事 / 邓馨编著.--北京：中国纺织出版社有限公司，2023.10
ISBN 978-7-5229-0387-3

Ⅰ.①好… Ⅱ.①邓… Ⅲ.①男性—家庭教育 Ⅳ.①G78

中国国家版本馆CIP数据核字（2023）第041879号

责任编辑：刘桐妍　　责任校对：高　涵　　责任印制：储志伟

中国纺织出版社有限公司出版发行
地址：北京市朝阳区百子湾东里A407号楼　邮政编码：100124
销售电话：010—67004366　传真：010—87155801
http://www.c-textilep.com
中国纺织出版社天猫旗舰店
官方微博 http://weibo.com/2119887771
三河市延风印装有限公司印刷　各地新华书店经销
2023年10月第1版第1次印刷
开本：710×1000　1/16　印张：10
字数：122千字　定价：49.80元

凡购本书，如有缺页、倒页、脱页，由本社图书营销中心调换

现代社会,竞争日益激烈,无论是家庭还是社会,对男孩的责任的期许比较大,他们将来除了要承担更多的家庭责任外,社会责任和压力也在与日俱增。男孩生性与女孩不同,单就性别差异来讲,女孩更具稳定性,喜欢和谐、融洽地交流;而男孩天生富有攻击性、冒险性和控制欲;针对不同的性别,就要用不同的养育方式。

作为男孩生命的给予者,妈妈天生会像老鹰一样保护自己的儿子,不想让其经受挫折和伤害。然而,男孩始终要离开妈妈的臂弯独自飞翔,在人生路途上,他早晚会遇到各种各样的问题、困难和挫折,他终究要学会自己长大,学会独立思考、学会独立面对风雨,学会独立与其他人相处,交到良师益友,积极地融入社会这个大群体里。

在儿子慢慢成长的过程中,大概所有妈妈都会产生这样的疑问:到底要怎样养育儿子才能使其健康阳光?让他在以后像个男子汉一样独当一面,又该怎样教育才能让他更坚强、睿智地面对未来的挑战呢?每个家庭的教子方式都不同,但无论如何,妈妈们一定要明白,你必须要随时更新自己的教育观念,教会儿子正确地面对成长,学会安排自己的生活,以便将来能独立面对人生,担当起家庭、社会的重任。

优秀男孩不是天生的,一个成功男人的成长过程也是一个不断自我奋斗的过程。而家庭在男孩的个性塑造、品质形成方面发挥了无可替代的作用。在现实生活中,不少妈妈望子成龙心切,总认为只要孩子学习成绩好就是优秀,因此忽略对男孩其他方面的培养,其实优秀的男孩不只是成绩

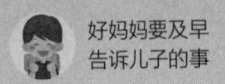
好妈妈要及早告诉儿子的事

优异,他们更应该有以下特质:勇敢自信、机智果断、自立自强、勇于担当、有责任感、有爱心、有风度……而这些并不是单靠学习课本知识就能够做到的。

心理学家威廉·詹姆士说过:"播下一个行动,收获一种习惯;播下一种习惯,收获一种性格;播下一种性格,收获一种命运。"一个人的成长环境决定个人的性格特征,个人的性格特征反过来会影响个人的一生,父母尤其是妈妈是男孩的第一任老师,妈妈的谆谆教导对男孩的智力、性格、习惯、心态、能力、品德等的培育有着重大影响。所以说,要想让男孩有个美好的人生,我们一定要从小就对男孩进行认真培育。

本书从教育心理学的角度出发,针对很多妈妈在生活中教育男孩的苦恼,并结合具体教育案例让广大的妈妈认识到对男孩进行全方位素质培养的重要性,进而帮助妈妈们转变错误的教育观念,并获得全新的教育方法。希望阅读本书的每一位妈妈都能获得一份养育男孩的智慧,让教养变得容易些。

编著者

2019年4月

## 第01章 优秀男孩敢于自我表现：妈妈相信你的勇气 / 001

好男孩不怕犯错，但要敢于认错 / 002

男孩不要唯唯诺诺，要大声说出自己的想法 / 004

妈妈相信你，你可以为自己的事情做主 / 006

男孩，如何让别人记住你 / 008

言谈幽默，做智慧男孩 / 010

责任，是男子汉的代名词 / 013

## 第02章 融入集体，尊重理解是与人交往的前提 / 015

男孩要大胆走出家门，才能结交更多的朋友 / 016

男孩，要与优秀的人为伍 / 018

男孩大大咧咧，朋友伤心时也要陪伴左右 / 021

男孩，尊重他人是与人交往的前提 / 023

融入集体，主动结交朋友 / 025

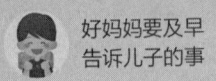
好妈妈要及早
告诉儿子的事

## 第03章 进入青春期，这些变化说明你是小小男子汉了 / 029

为什么我的脖子上有个凸起的东西 / 030

遗精，说明你是个男子汉了 / 031

嗓音变得低沉，说明你在慢慢走向成熟了 / 034

男孩也会长痘痘吗 / 036

下体为何长胡子了呢 / 039

## 第04章 从来纨绔少伟男，自信自立的男孩最帅气 / 043

学会拒绝他人，才能保护自己 / 044

有毅力的男孩足以掌控自己的人生 / 046

好男儿绝不是语言的巨人，行动的矮子 / 048

男孩自立自强，不依赖他人 / 050

只有坚强，男孩你才能拥有成功的人生 / 053

男孩有勇更要有谋，才能成功 / 054

## 第05章 好男孩志存高远，应尽早设立人生的远大目标 / 059

男孩要尽早培养自己管理金钱的能力 / 060

尽早确立自己的人生目标，人生才有方向 / 062

智慧赋予男孩成功的法宝 / 064

男孩做事要有毅力，杜绝三分钟热度 / 066

你的学习，也要按计划执行 / 069

## 第 06 章

### 青春期情窦初开，男孩不要摘早恋这朵带刺的玫瑰 / 073

见到女孩就脸红心跳怎么办 / 074

竟然有女孩给我写情书，如何是好 / 076

妈妈，我好像喜欢上了一个女孩 / 078

坦然走出失恋的阴影 / 080

我有个女性朋友 / 082

## 第 07 章

### 男孩树立正确的金钱观，珍惜每一份来之不易的金钱 / 085

男孩不可大手大脚，要学会储蓄 / 086

我什么时候才能有一台自己的手机 / 088

男孩，过重的人情消费要不得 / 091

如何为同学挑选合适的生日礼物 / 093

穿戴名牌，就能让你更阳光帅气吗 / 095

## 第 08 章

### 帅气的男孩懂自律，绝不踏入这些生活的禁区 / 099

酒精并不适于青春期的你 / 100

男孩别让黄色诱惑给青春蒙上灰色 / 102

男孩绝不能有偷偷摸摸的行为 / 103

纹身，可不是酷炫的标志 / 105

男孩，你要明白尼古丁对身体的危害 / 107

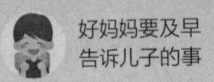

## 第09章 不做懒男孩，谁都喜欢勤勉和乐于分享的人 / 111

谁都讨厌懒惰的男孩 / 112

你对生活投入多少就会获得多少回报 / 114

淡定从容的男孩无论大小事都能轻松面对 / 116

爱思考的男孩更能善待生活 / 118

细心男孩可以准备一本生活备忘录 / 121

## 第10章 有想法就要去做，好男孩要做自己命运的主人 / 125

你不行动就永远尝不到成功的滋味 / 126

一旦有了目标，就要坚持不懈地努力 / 128

男孩，你要做自己命运的掌控者 / 131

男孩，你始终要相信自己 / 133

男孩不做马大哈，凡事做到尽善尽美 / 135

## 第11章 坚持自我管理，从小培养好习惯成就美好未来 / 139

管控自己的时间，做时间的主人 / 140

告别拖延，男孩要有立即去做的行动力 / 142

绝不将今天的事拖到明天 / 144

时间易逝，男孩要有珍惜点滴时间的意识 / 147

男孩，无论如何都要控制好情绪 / 148

**参考文献** / 151

# 第 01 章
## 优秀男孩敢于自我表现：妈妈相信你的勇气

在成长的过程中，男孩总会面临很多困惑。为了帮助男孩全方位成长，更好地表达自己，父母要激励男孩更加勇敢，掌握语言的技巧，从而绽放自己的风采。当然，表达能力并非与生俱来的，因为男孩的语言能力发展得比女孩晚，在处理人际关系方面也不如女孩那么灵活，所以男孩就更要有的放矢地发挥自身的能力，激发自身的潜力，如此才能成为一个语言的强者。

好妈妈要及早告诉儿子的事

## 好男孩不怕犯错，但要敢于认错

孩子会因为各种原因出现撒谎的行为。在三四岁时，孩子因为分不清想象和现实，且出于纯粹利己主义的想法，他们会以撒谎的方式保护自己，以避免受到批评，也会以撒谎的方式争取得到愿望的满足。为此，父母在这个阶段不要对孩子的撒谎行为过分紧张，而应为孩子营造宽松的家庭环境，并引导孩子分清楚想象和现实。随着不断地成长，孩子的心理越来越成熟，在这个阶段，他们撒谎往往是为了逃避责骂和惩罚。细心的父母会发现，越是在家庭氛围严肃的家庭里，孩子撒谎的情况越是常见。这是因为父母一旦发现孩子犯错误，就严肃批评孩子，有些父母甚至还会以简单粗暴的方式惩罚孩子。这样会导致孩子不敢坦诚地面对父母，只能以撒谎的方式来逃避父母的责骂。

父母要告诉孩子，人非圣贤，孰能无过。每个人都会犯错误，最重要的是知错就改，这样才能不断地提升和完善自己。很多父母对于孩子的成长寄予了过高的期望，对孩子的要求太过苛刻。在这种情况下，父母也要有意识地降低对孩子的要求，这样一则可以有效减少孩子撒谎的情况，二则可以帮助孩子建立自信心。所谓知错能改，善莫大焉，孩子在不断犯错的过程中会不断成长和进步的。对于孩子而言，犯错不可怕，最重要的是不应逃避错误，而应勇敢努力地反思自身错误，从而积极主动地承认错误，改正错误。

有一天，妈妈带着小列宁去姑妈家里玩耍。因为许久没有见到兄弟姐妹，列宁一到姑妈家里就和兄弟姐妹们玩起来。他们玩得很高兴，在大厅里跑来跑去。突然，姑妈听到一声响声，接着她和列宁妈妈一起赶去查看情况。看到地上都是瓷器的碎片，姑妈不由得惊呼起来。原来，姑妈最喜欢的瓷器被碰到地上摔碎了。姑妈当即询问情况："是谁把我最心爱的瓷器碰到地上的？"兄

# 第01章
## 优秀男孩敢于自我表现：妈妈相信你的勇气

弟姐妹都低着头，列宁也低着头。姑妈依次问每个孩子，兄弟姐妹们都摇头说瓷器不是自己打碎的，问到列宁的时候，列宁满脸通红，用微弱的声音回答："不是我。"看着列宁的样子，妈妈知道瓷器一定是列宁打碎的。不过当着姑妈的面，妈妈没有戳穿列宁。

回到家里，妈妈经常就讲关于诚实的故事给列宁听。有一天晚上，妈妈刚刚为列宁讲完故事，列宁突然哭起来，说："妈妈，对不起，姑妈的花瓶是我打碎的，我撒谎了。"妈妈摩挲着列宁的头说："孩子，犯错没关系，最重要的是犯错之后勇敢地承认错误，这样才能改正错误，获得成长。"列宁擦干眼泪，对妈妈说："妈妈，我过几天就给姑妈写信承认错误。"妈妈对列宁说："为何还要过几天呢？现在不就是最好的时候吗？"在妈妈的建议下，列宁当即从被窝里爬出来，拿出纸笔给姑妈写信承认错误。过了几天，姑妈的回信就到了。在回信里，姑妈对列宁说："孩子，你的诚实比一切瓷器都更加可贵。"

小列宁因为害怕被批评，而不敢主动承认错误。后来，在妈妈的引导下，他才意识到自己的错误，因而主动向妈妈承认错误，又写信向姑妈承认错误。姑妈的话很对，孩子的诚实比一切瓷器都更加可贵，因为唯有诚信的人才能立足人世。

在教育孩子的过程中，父母除了要教会孩子诚信之外，还要以身示范，给孩子树立诚信的榜样。很多父母对于孩子的诚信教育不够重视，总觉得孩子还小，因而忽略了对孩子诚信的培养。实际上，诚信是孩子的立身根本，也是孩子在人生之中做出成就的基本保证。

◆ 爸妈有话说：

儿子，你是男子汉，要敢于担当，也要勇敢承担起属于自己的责任。每个孩子都是在犯错误的过程中成长起来的，所以即使你犯错，爸爸妈妈也不会不分青

红皂白地就批评你。要记住,犯错不可怕,最重要的是犯错之后要有改正错误的勇气,这样才能不断地提升和完善自己,才能获得成长。

## 男孩不要唯唯诺诺,要大声说出自己的想法

随着时间的流逝,那个曾经怀抱里的小小婴儿,已经成为小小的男子汉。从新生儿呱呱坠地之时,父母就无微不至地照顾孩子。随着孩子不断地成长,在两三岁前后,他们就要经历自我意识觉醒期,从而把自己与外部世界区分开来,变得更有主见。这个时期,孩子的语言表达能力也得以发展,他们更愿意与父母进行沟通,也渴望在人际交往中表达自己的意愿和主见。从此之后,父母与孩子的沟通也会日益频繁,如果沟通顺利,且父母能够真正做到尊重和平等对待孩子,孩子则会更乐于与父母交流。如果父母对孩子缺乏尊重和平等的态度,孩子则在进入青春期之后,会渐渐关闭心扉,与父母之间的交流就越来越少。其实,不是孩子不愿意和父母沟通,而是父母缺乏技巧,未能掌握与孩子沟通的正确方式。这导致孩子和父母之间产生隔阂,孩子不愿意与父母沟通。

父母要引导孩子学会表达,因为随着他们的不断成长,内心越来越复杂和细腻,他们与父母之间的交流也更加频繁。对于父母而言,一定要真正发自内心地尊重和平等对待孩子,这样孩子才会愿意对父母敞开心扉。父母还要告诉孩子,不管什么时候,都要勇敢说出自己的想法。很多父母对于孩子的管教过于严厉,这会导致孩子不敢对父母敞开心扉。让孩子勇敢地表达自己的想法很重要,因为沟通才是父母了解孩子的最佳途径,也是亲子关系保持融洽的基础。

有些孩子性格内向,想法很多但说不出来,这样一来,即使精神活动很丰

# 第01章
## 优秀男孩敢于自我表现：妈妈相信你的勇气

富，内心世界很精彩，他们也无法向外界呈现出来。有些孩子虽然知识不够渊博，但他们不仅具有很强的语言表达能力，还能勇敢地表达自己，将自己的内心更加生动形象地表达出来，在人际交往过程中也会有更好的表现。不得不说，和难以直接表述自己想法的孩子相比，这样的孩子口才更好，也会更加勇敢地面对自己真实的内心。

张杰从小就是个很内向的孩子，在成长的过程中，一直不喜欢说话。一开始，妈妈误以为张杰是天生性格内向，后来才发现负责带养张杰的奶奶就很不喜欢说话，所以总是与张杰相对两无言。又因为奶奶喜欢打麻将，常常带着张杰去打麻将，导致张杰长期处在很多老人之间，没有机会与同龄人相处，因而更加沉默寡言。有的时候，张杰和奶奶沟通，如果张杰说得不对，奶奶还会训斥张杰，导致张杰更加胆小怯懦，不敢表达。

意识到问题的严重性之后，妈妈当即和爸爸一致决定，将张杰接到身边，夫妻俩亲自带张杰。妈妈告诉张杰："小杰，你要说出自己心里想的话，这样别人才知道你在想什么，知道吗？"此后，妈妈有空的时候都带着张杰去小区公园里玩耍。在这里，张杰接触到了更多的同龄人，也可以和小伙伴高兴地玩耍。渐渐地，张杰的性格变得越来越开朗，也喜欢上了说话，像一只唧唧喳喳的小山雀一样主动和父母、小伙伴交流，感受到交流的乐趣。

作为父母，当发现孩子在成长过程中出现沉默寡言的情况时，在排除孩子生理上的原因之后，我们一定要从教养孩子的方式上进行反思，这样才能有的放矢地改变教养的方式，给予孩子更好的引导和启发。

此外，父母还要注意的是，父母要更加有的放矢地引导孩子进行交流。尤其是要让孩子知道交流的乐趣，这样孩子才会愿意敞开心扉，勇敢地表达自己的想法，并在成长的过程中因为交流得到更多与他人信息互相交换的机会，这对于孩子而言是很重要的。

好妈妈要及早
告诉儿子的事

◆ 爸妈有话说：

　　儿子，你已经长大了，有自己的思想和主见。不管何时，爸妈都愿意倾听你最真实的想法，也愿意尊重你，平等对待你。如果有需要探讨的问题，爸妈也希望你可以与我们探讨。记住，爸妈永远是你最坚强的后盾，也愿意倾听最本真的你。

## 妈妈相信你，你可以为自己的事情做主

　　对于孩子生命中遇到的很多事情，很多父母喜欢帮孩子做主，在孩子小时候，父母帮助孩子拿主意无可厚非；而随着孩子渐渐长大，很多父母依然停留在孩子还需要完全依赖父母的阶段，因此总是对孩子的成长指手画脚。殊不知，孩子每时每刻都在成长，他们一直在坚持学习和进步，也一直在成长的道路上努力前行。作为父母，我们不要把思想始终停留在孩子刚刚出生的时候，而是要随着孩子不断地成长，与时俱进地看待孩子。

　　如果父母总是对孩子指手画脚，代替孩子做所有的事情，孩子一定会变得很依赖父母，就算是长大成人后，也无法鼓起勇气独立面对人生。相反，如果父母可以跟随孩子成长的脚步，根据孩子的能力发展情况适时地对孩子放手，就可以循序渐进地提升孩子的能力。没有孩子一出生就非常独立，能够自主处理很多事情，要想让孩子做到"我的事情我做主"，父母就要适时对孩子放手，并最大限度提升孩子的能力。正如人们常说的，溺爱是父母对孩子最大的伤害。明智的父母不会总是寸步不离地保护孩子，而是知道必须学会对孩子适时放手，有的放矢地锻炼和提升孩子的能力。如此，孩子才会得到更大的进步和成长。

前些年，时常爆料出让人难以置信的新闻。有的大学生进入校园之后，因为不会铺床，导致只能坐在床边一夜；有的大学生因为从未见过带壳的鸡蛋，所以看着鸡蛋却不会剥掉蛋壳。这些新闻听起来匪夷所思，也让人忍不住指责现在的孩子动手能力太差。那么造成这一些情况的原因是什么呢？父母的溺爱和全权包办一定是罪魁祸首。父母不要羡慕别人家的孩子多么的独立自主，而是要反思自身是否给予了孩子足够多的机会去锻炼自己，也要反思自身是否有的放矢地引导了孩子成长。唯有从小培养孩子坚强自立的性格，孩子的自理能力才会不断增强，他们也才能最大限度激发生命的潜能，获得真正的成长。

有一天，特特和妈妈一起去游乐场玩。看到很多孩子都在坐过山车，已经长得比妈妈还高的特特也心动了。他问妈妈："妈妈，我可以坐过山车吗？"妈妈原本觉得过山车很危险，不想让特特去坐，但是转念一想，又觉得特特总是优柔寡断，也该到了自己做决定的时候。为此，妈妈对特特说："特特，你已经长大了。是否坐过山车，你可以自己做决定，但是有一点需要注意，你要确定坐过山车是没有危险的。妈妈希望你可以经过思考，做出自己的选择。"听了妈妈的这番话，特特陷入沉思。思考片刻，特特对妈妈说："妈妈，我决定坐过山车。那么多孩子都坐过山车，都没有危险，我也会遵守规则，不会有危险的。"妈妈微笑着赞许特特。

特特勇敢地坐上过山车，对站在下面等他的妈妈做出胜利的手势，妈妈对于特特的表现也由衷地竖起大拇指。坐完过山车，特特虽然有些头晕，但是他还是很兴奋，觉得挑战了自己。

孩子之所以不能为自己决定很多事情，就是因为他们习惯了依赖父母。在陪伴孩子成长的过程中，父母一定要有效地引导孩子做力所能及的决定，也要支持孩子的决定，并给予孩子强大的力量。如果父母总是否定和批评孩子，渐渐地孩子就会养成唯唯诺诺的性格，根本无法自信地成长。

作为父母，我们既是孩子的监护者，也是孩子的领路人。要学会对孩子适时放手，给予孩子更多的机会去自主决定自己的事情。也许孩子一开始做决定的时候无法考虑周全，甚至会做出错误的决定，但是随着他们不断地成长，随着尝试的次数增多，孩子的能力也会得以增强，他们在做决定方面的表现会越来越好。

◆ 爸妈有话说：

儿子，你终于长大了，到了自己为自己负责的时候。你想好了就可以大胆地去做决定，只要是你的决定，爸爸妈妈一定会支持你。即使决定没有那么英明，给你造成了一定的困扰，爸爸妈妈也会坚定不移地站在你的身后，给予你力量，帮助你健康快乐地成长。

## 男孩，如何让别人记住你

在人际交往中，唯有杰出的人才能给人留下深刻的印象。作为男孩，要想在人群中脱颖而出，要想拓展人际关系，就要让自己变得与众不同。当然，这里所说的与众不同不是标新立异，并不要求孩子以独特的方式展现自己，而是要求孩子具有优秀的品质和不俗的谈吐，这样才能在人群之中脱颖而出。

古今中外，大多数受欢迎的人，能在人群中拥有号召力的人，都是具有杰出能力的人。相反，如果一个人总是很冷漠，无法融入团体之中，那么他就像书呆子一样，也许很博学，却始终无法赢得他人的认可和尊重。作为男孩，要注重内在的品质，做事不要总是浮于表面，更不要觉得表面的光鲜亮丽就能为自己赢得更多。只有更加笃定，坚守内心，才能给别人留下深刻的印象。对于男孩而言，只做表面工作是无法获得成功的，优秀的男孩既要具备实力，更要勇

# 第 01 章
优秀男孩敢于自我表现：妈妈相信你的勇气

往直前，才能用实力为自己代言。

当然，随着现代社会经济的发展，各个领域的竞争都非常激烈。男孩虽然还小，没有正式步入社会，成为真正意义上的社会人，但是他们同样要在人群中生活。为此，男孩要适应激烈的竞争，更要努力在激烈的竞争中脱颖而出，这样才会在生活和学习中有更好的表现。父母要告诉男孩如何才能给人留下深刻的印象，诸如讲礼貌等都是最基本的条件。此外，还需要做得更好，表现更优秀，才能让自己出类拔萃。

乐乐是个很有礼貌的孩子，刚刚九岁，正在读小学三年级。开学没多久，乐乐觉得肚子痛，去医院检查出慢性阑尾炎，输液效果不好，需要手术切除阑尾。住院之后，乐乐接受了微创手术。手术之后七八个小时，他就开始下床练习走路，表现得非常勇敢。次日，乐乐的伤口没有那么疼了，他不喜欢待在病房里，而是喜欢和很多小病友一起玩耍。他们常常在护士站附近的开阔处玩耍，很快，乐乐就给护士阿姨留下了深刻的印象。

原来，和其他小病友相比，乐乐特别懂礼貌，不管和护士阿姨说什么话都彬彬有礼。也因为平日里看书比较多，乐乐知识面很广，小小年纪的他，不管护士阿姨说什么，都可以攀谈几句。为此，护士阿姨都调侃他是"乐乐老师"。

乐乐之所以能给护士阿姨留下深刻的印象，首先是因为他很健谈。很多孩子看到成人总是不好意思攀谈，也常常因此而陷入被动的状态。乐乐则不然，他很善于和他人交流，而且说起话来彬彬有礼，自然会给他人留下好印象。又因为懂得很多百科知识，所以，乐乐虽然年纪小，但是在和成人交流的时候，内心里并不发怵，从而以不卑不亢、落落大方的举止给他人留下深刻印象。总而言之，一个人如果想给他人留下深刻印象，一定要展示自己，并表现出自己的优秀和与众不同。

父母在教养孩子的时候，要培养孩子落落大方的性格。很多孩子在与他人

相处的过程中总是很畏缩,因此表现出小家子气的样子。不得不说,这对于孩子拓展人际关系、丰富人脉资源没有好处,对于孩子的成长和进步也会起到禁锢的作用。在教养孩子的过程中,父母要在潜移默化中帮助孩子不断成长,也要教会孩子如何与人相处、与人打交道。现代社会,每个人都需要融入人群之中,才会有更好的成长和发展。

◆ 爸妈有话说:

儿子,你已经长大了,要想在人群中脱颖而出,就要有自己的与众不同之处。在成长的过程中,不要流于表面,总是做表面文章。就像一栋建筑要想吸引人注意,只有华丽的外表是远远不够的,还要有稳固安全的品质。做人也是如此,流于表面无法真正吸引他人,只有由内而外散发出独特的魅力,焕发出独特的神采,才能真正给他人留下深刻的印象。

## 言谈幽默,做智慧男孩

人们常说,幽默是智慧的最高表现形式之一。这么说很有道理,也的确有很多人为了追求幽默而学着说笑话、开玩笑。但是,幽默和玩笑是截然不同的。玩笑也许很低俗,只是为了引人发笑,但幽默却是智慧的高级表现形式之一。一个人唯有拥有智慧,才能真正地表现幽默。在西方国家,很多人都特别看重幽默,有些年轻人在寻找人生伴侣的时候,要求对方一定要幽默;有些单位在雇佣员工的时候,也希望员工是非常幽默的,能给身边的人和自己带来快乐。为了让孩子具有幽默感,父母要努力地培养孩子积极乐观的性格。一个人的幽默,是发自内心的欢声笑语,是真正的积极乐观和主动。强颜欢笑不叫幽默,以低俗的玩笑把自己的快乐建立在他人的痛苦之上,也不是幽默。

# 第 01 章
## 优秀男孩敢于自我表现：妈妈相信你的勇气

幽默的人就像是开心果，不但能给自己带来快乐，也能给身边的人带来快乐。一个男孩如果能够成为幽默的人，就可以以幽默的精神给身边的人带来快乐，也可以让自己更加乐观向上，积极主动。在一个家庭里，如果父母很幽默，给孩子营造出轻松愉快的家庭氛围，孩子也会变得很幽默。反之，如果父母总是面色严肃，对孩子声色俱厉，孩子就会压抑自身的感情，更无法具备幽默的品质。在人多的场合里，冷场总是让在场的人感到很尴尬，幽默恰恰可以打破这种尴尬的局面，让场面重回融洽。为此，父母要想让孩子幽默，首先自己要很幽默，且要为孩子营造良好的家庭氛围。其次，父母要利用孩子容易受父母影响这一特点，有意识地培养孩子幽默的品质。

乐乐是一个很幽默的孩子，这是因为他的爸爸妈妈都非常幽默。乐乐的家里，总是充满欢声笑语。有的时候，爸爸说的幽默的话，把乐乐逗得捧腹大笑！在爸爸妈妈的影响下，乐乐的性格也很开朗，而且幽默的话张口就来。

有一天放学的路上，爸爸开车带着乐乐回家。妈妈看到班级群里老师发布的考试成绩，发现乐乐的数学成绩退步很大，为此忍不住训斥乐乐："乐乐，你这个家伙怎么回事，考试成绩就像过山车一样忽上忽下，这样将来如何能考上好的初中啊？我早就告诉过你了啊，如果学习成绩不好，总是落后，考不上好初中就考不上好的高中，考不上好的高中，未来就考不上好的大学，那可真是养不活自己了！"因为情绪激动，妈妈的话很粗糙，不假思索就说出来了。以往，自尊心强的乐乐一听到"吃屎"二字就会很激动，变得歇斯底里，如今他已经能够控制自己的情绪，也学会了幽默。因此，他笑了笑，对妈妈说："妈妈，你要是请我喝猫屎咖啡，我很乐意天天吃屎，不过就是不知道你能否请得起呢？"听了乐乐这句话，正在开车的爸爸忍不住笑起来，说："嗯，乐乐的回答很幽默，也缓解了尴尬的气氛。"

面对妈妈的批评，乐乐以幽默的言语化解了尴尬，也让现场的气氛变得轻松愉悦。这样一来，原本因为乐乐的数学成绩而沉重的氛围，一下子就变得轻松起来。相信妈妈在那么严厉地训斥乐乐之后，也一定会觉得很尴尬，甚至不知道如何说接下来的话。幸好乐乐的接话很巧妙，有效调节了气氛，才能让车内逼仄的空间显得不那么压抑。

在所有的场合里，幽默的人都是最受欢迎的。孩子并非生来就具有幽默的品质，而是在成长过程中渐渐养成了幽默的习惯。作为父母，要想让孩子幽默，就要以身作则，为孩子树立积极的榜样。所谓身教大于言传，如果父母只是一味地教育孩子幽默，而不能切实给孩子做出积极的示范，那么对孩子的教育效果就会不尽人意。因此，父母要以身作则，教会孩子幽默，孩子才能在幽默的家庭环境中成长，并在潜移默化中培养自己的幽默品质。

当然，要想让孩子形成幽默的品质，父母还要多引导孩子读书。所谓读万卷书，行万里路。如果孩子目光短浅，生活经验匮乏，是无法真正幽默起来的。幽默不但是一种智慧，也需要丰富的知识作为基础和铺垫。这样一来，就需要父母也爱上阅读，经常以身示范引导孩子阅读，从而给孩子树立积极的榜样形象。

◆ 爸妈有话说：

孩子，生活原本就是苦涩而又艰难的，要想在生活之中拥有更多的快乐，感受到更多的乐趣，一定要学会幽默。幽默不但可以给自己带来快乐，还可以给你身边的人带来快乐，让你成为一个真正的开心果，所到之处充满欢声笑语。这样一来，你自然会处处受人欢迎，也可以塑造自己积极乐观的形象，给他人留下深刻的、良好的印象。

## 责任，是男子汉的代名词

几乎每个男孩的心中都有一个英雄梦，他们从小就崇拜动画片中的英雄人物，也梦想着自己有朝一日能够成为英雄。然而，要想成为英雄，首先要能够承担责任。如果男孩从小就在父母无微不至的照顾下成长，并且从来没有承担过任何责任，他们就会变得胆怯畏缩，即使小小的困难也会把他们吓倒。为此，要想圆男孩的英雄梦，父母首先要培养他们的责任心，让他们能够勇敢无畏地接受很多任务。唯有如此，男孩才会变得越来越强大。

男孩小时候，对于自己如何才能成为英雄总是怀着简单的想法。他们觉得男孩要善于战斗，才能激发潜在的力量，且要始终勇往直前、无所畏惧，才能成为真正的大英雄。殊不知，初生牛犊不怕虎式的英雄，是无知的英雄。真正的英雄是明知道完成某一项任务需要付出极大的努力，需要坚持不懈去战斗，也依然勇往直前的人。然而，很多孩子都不具备这样迎难而上的品质。在现实生活中，他们胆小怯懦，尽管确立了行动的目标，却因为畏缩和拖延导致好的想法变成了空想，行动力更是匮乏。所以父母要教会孩子承担责任，告诉孩子如何以行动打破始终退缩的魔咒。唯有如此，孩子才能坚持不懈，才能在成功的道路上始终奋勇直前，迎难而上。

特特长得很强壮，性格却很怯懦。有的时候，一旦意识到困难的存在，他就会马上退缩。对于别人给予他的机会，他也会因为缺乏自信而推辞。为此，妈妈一直很担忧，也在有意识地培养特特的责任心，希望特特有朝一日可以增强自信，勇往直前。

有一次，特特长了龋齿，需要去医院进行根管治疗。根管治疗是很痛苦的，妈妈很怕长得比自己还高的特特会害怕得哭起来，那就太尴尬了。为此，在家里的时候，妈妈就给特特"打预防针"，告诉特特："根管治疗会有一点点疼，你可不要哭啊，那就太丢人了。"特特听到疼，马上畏缩地说："要是

好妈妈要及早告诉儿子的事

很疼,我还是不去治疗了吧!"妈妈说:"那怎么行,你坏掉的可是恒牙,如果不治疗,变得越来越严重,那就只能拔掉了。"在妈妈的坚持下,特特只好在妈妈的陪伴下去看牙医。进行根管治疗的时候,特特非常抵触。医生建议妈妈:"您最好先回避一下。"妈妈很不放心,但还是一步三回头地离开了。大概半个小时,治疗完成,妈妈赶紧进去查看特特的情况,却发现特特居然没有哭。妈妈惊讶地说:"特特,你这么勇敢!"医生笑着说:"您要是在旁边,他肯定哭,根管治疗还是比较疼的。您不在身边,他便没有了依赖,独自面对这个困难时,只能坚强。"特特也笑起来,说:"虽然很疼,还算可以忍受。"妈妈由衷地对特特竖起大拇指:"特特真的长大了。"

医生说得很对,如果父母在身边,孩子有人可以依赖,就会情不自禁地撒娇,承受能力自然大大减弱。父母不在身边,孩子没有可以依赖的人,在面对艰巨的任务时,只能独自面对,这样一来,他们的承受能力大大增强,内心也会变得更加坚强。作为父母,不要低估孩子的承受能力,而是要随着孩子能力的增强,学会对孩子放手,也要真正尊重孩子,给孩子更大的成长空间。

要想让孩子勇敢地接受一项任务,父母就要给孩子证明自身能力的机会。父母要告诉孩子,唯有正确认识自己,既不能盲目自卑,也不可盲目自信,这样才能最大限度激发生命的潜能。

◆ 爸妈有话说:

儿子,你已经长大了,不再是爸妈怀抱中的小婴儿。随着不断成长,你必然要承担起生命中更多的重任,你一定要勇敢,要有责任心。每个人生活在这个世界上,都有自己特定的责任和义务,都有自己的使命,唯有不断地成长,努力地进取,努力证明自己的能力,才能成为真正的人生强者。

# 第 02 章
## 融入集体,尊重理解是与人交往的前提

在人际交往的过程中,相互尊重和理解是交往的基础。如果没有尊重和理解,人与人之间就无法建立良好的关系。作为男孩,要想建立和维护和谐的人际关系,就要学会尊重和理解他人,还应站在他人的立场上思考问题,从而更加深刻地理解他人。这样一来,男孩的人际关系才会发展顺利,人脉资源才会越来越丰富。

好妈妈要及早告诉儿子的事

## 男孩要大胆走出家门，才能结交更多的朋友

男孩要想结交更多的朋友，首先要走出家门。在城市里，大多数家庭都只有一个孩子，又因为居住在钢筋水泥的城市森林里，所以孩子很少有机会和同龄人相处。在这种情况下，男孩很难结交到朋友，往往只能孤独地守候在家里，一个人品尝美食，玩玩具，未免会感到食不知味，也无法领略到玩具真正的魅力。父母要告诉男孩，结交朋友需要走出家门。当然，在孩子小时候，如果他没有能力独自面对外部世界，父母可以带着男孩去小区里的公共区域玩耍，也可以多带着孩子四处走走看看。这样一来，男孩就可以与更多的同龄人相处，从而建立良好的人际关系。

还需要注意的是，走出家门后，男孩不再是一个人独享家里的美食、玩具，而是需要和其他小朋友一起分享。男孩要学会与小伙伴分享，才能与小伙伴建立良好的关系。现代社会，大多数孩子都是独生子女，在父母的骄纵和宠溺之下，渐渐习惯于独享家里一切优质的资源。这不免会使他们形成错误的观念，误以为自己是整个世界的中心，这使得他们非常任性，很难与小伙伴和谐相处。因此，当孩子真正走出家门，走到同龄人的群体之中时，父母要引导孩子遵守人际相处的原则，要乐于分享，这样孩子才能与他人建立良好的关系。

在小区的公共活动区域，每天都有很多老人带着孩子在一起玩耍。为了让孩子可以玩得更久，老人往往会给孩子带他们喜欢玩的玩具。有些孩子玩得比较好，还会相互交换玩具玩。瑞瑞每天出来都不带玩具，当看到其他孩子的玩具很好玩时，他就会抢夺其他孩子的玩具。有的时候，瑞瑞抢不过其他孩子，奶奶还会帮着瑞瑞抢。有一次，有个比瑞瑞大一些的孩子在玩滑板车，可是瑞

## 第02章
### 融入集体，尊重理解是与人交往的前提

瑞也想玩。奶奶就对那个大孩子说："小朋友，把你的滑板车让给小弟弟玩一下，好不好？"小朋友拒绝后，奶奶还批评小朋友："你这个小朋友怎么不懂得团结友爱呢，他比你小啊！"这个时候，小朋友的妈妈听到奶奶的批评，不卑不亢地说："这位奶奶，你不觉得你和这孩子都太霸道了吗？别说是陌生的孩子之间大孩子没有必要让着小孩子，就算是一个家里的兄弟姐妹，大孩子是否愿意让着小孩子，也要看大孩子是否高兴，而不能强求。"听到小朋友妈妈的话，奶奶气鼓鼓地离开了。

还有一个小朋友叫杰米，杰米每天出来的时候都会带着好玩的玩具。杰米人缘很好，他总是能和小朋友玩到一起去。有的时候，杰米看到其他小朋友很喜欢他的玩具，还会和小朋友交换玩具玩。这样一来，几个小朋友在一起玩，尽管每个人都只带了一个玩具出来，但是大家把玩具相互交换，每个人就可以玩到好几种玩具。杰米的奶奶也非常和气，每当杰米和其他小朋友发生矛盾时，奶奶都会给杰米讲道理。渐渐地，再也没有人愿意和瑞瑞玩，而杰米每次出来都会遇到几个好朋友，有些小女孩也很喜欢和杰米一起玩呢！

显然，建立和维护良好的人际关系不是一件简单的事情。对于瑞瑞而言，如果他不能改变蛮横霸道的行为方式，只会遭到更多孩子的抗拒，也会失去更多朋友。杰米则得到了奶奶的良好教育，在人际交往中表现得彬彬有礼，总是能受到其他小朋友的欢迎。

当然，要想建立良好的人际关系，父母对于孩子的教育和引导很重要。首先，孩子们在一起玩耍，难免会发生摩擦和磕碰。此时父母不要护短，不要总是袒护自家的孩子，而是应该本着公平的原则，让孩子们自主解决问题，或者是以公正为原则处理好孩子们之间的矛盾。其次，父母要教会孩子记住他人的名字。哪怕只见过一面的人，如果孩子能够第一时间喊出对方的名字，都会给对方留下良好的印象。此外，在与人交往中，如果孩子能够主动帮助他人，也可以建立和维护良好的人际关系。父母要以身作则，起到身教大于言传的作

用，才能潜移默化地影响孩子，让孩子更加主动友好地对待他人，与他人建立和谐友好的关系。当然，如果父母本身不愿慷慨待人，孩子就很难实现给别人留下慷慨大方的印象。

育儿专家曾经说过，父母即使再怀着童心与孩子相处，也无法代替同龄人在孩子成长过程中的作用。作为父母，一定要创造机会让孩子和同龄人相处，让孩子在同龄人的群体之中与同龄人相互学习，从而健康快乐地成长。此外，孩子与同龄人相处的过程中，也可以潜移默化地受到同龄人的影响，被同龄人激励着前进。由此可见，良好的人际关系对于孩子的成长和发展起到了积极的作用。

◆ 爸妈有话说：

儿子，你已经长大了，不可能永远依偎在爸爸妈妈的身边，享受爸爸妈妈的照顾。你总要走出家门，走入社会，融入同龄人的团体之中，在同龄人的帮助下不断地成长。你要记住，唯有友好地对待他人，你才能得到他人的友好对待。任何时候，你都要努力成为受欢迎的人，这样你就会感受到友谊给你带来的快乐。

## 男孩，要与优秀的人为伍

随着年龄的增长，男孩渐渐长大，他们从凭着直觉和喜好交朋友，到开始有目的地选择朋友。因为意识到了人际关系对于人生的重要作用，他们开始有目的、有计划地打造属于自己的交际圈子。在社会生活中，人际关系是至关重要的。一个男孩的身边如果都是积极乐观、努力向上的朋友，那么他就会在不知不觉中受到朋友的影响，不甘于落后，主动努力。相反，一个男孩的身边如果都是沮丧消极、颓废悲观的朋友，那么他就会受到负面的影响，表现出悲观厌世的行为特征和心理状态。不同的朋友在一起相处就相当于一个小团体，团体中每个人的精神面貌和行为表现都会影响整个团体的状态。所以男孩要与更优秀的人交朋友，这样才能融入良好的人际交往圈子，也才能最大限度发挥自身的能量，激发自身的潜能，在人生之中有杰出的成就和表现。

有人说，看一个人的底牌，要看他的朋友；看一个人的实力，要看他的敌人。这告诉我们，通过朋友，我们可以看出一个人的道德品行，也可以看出这个人是否值得交往。由此可见，朋友不但会对我们起到潜移默化的作用和影响，而且也会在一定程度上代表着我们的交友品位。当然，这里所说的品位不是说朋友必须有权有势，而是说朋友要具备优秀的品质和良好的品行，这样才能给我们带来积极的影响，才可以提升我们交友的层次。

男孩一定要结交一个优秀的朋友，因为优秀的朋友甚至会改变男孩的人生。当男孩与同龄人亲密接触，把很多不愿意对父母说的话都告诉同龄人时，他们往往可以在这种相处的过程中获得学习的机会，接受更多的信息。从这个意义上说，男孩和更优秀的人交往，实际上是在快速提升自身的能力和水平。古人云，三人行，必有我师。这告诉男孩，在和朋友相处时，要有意识地向朋友请教，努力提升自身的水平，从而把自己变得和朋友一样优秀。

有些男孩的自尊心很强，他们不愿意和更优秀的人当朋友，因为他们觉得优秀的朋友会给他们带来压力。的确，如果以高度来衡量人，优秀的朋友则会站在比男孩更高的台阶上，就像奥运会颁奖仪式上的金、银、铜牌一样，压力显而易见。然而，人无压力轻飘飘，如果男孩因为逃避压力而拒绝优秀的朋友，男孩也就没有能力向优秀者靠近和学习，进步自然也就遥不可及。所以要想快速成长，男孩就要主动向更优秀的人靠拢，并且努力与他人成为朋友。这样男孩才能坚持提升自己，在成长的道路上不断进步，始终前进。

美国的一个少年杰克有着很远大的梦想，那就是成为百万富翁。然而，

杰克的父母只是经营着一家小规模农场的农民，杰克也只是一个普通的农场少年。成为百万富翁这个梦想对他来说似乎太遥远了。但是杰克没有放弃，他怀揣着这个梦想始终非常努力。

若干年后，杰克终于有机会来到纽约，他马上按照自己找到的地址去拜访百万富翁。杰克拜访的第一个百万富翁是亨利。看着这个其貌不扬的少年，亨利一开始冷眼相待，但是在杰克进行自我介绍之后，亨利得知这个少年从十二岁开始就梦想成为百万富翁，不由得对他表示欣赏。为此，亨利耐心地回答了杰克的问题。后来，亨利还推荐杰克去拜访他所认识的其他富豪。虽然这些富豪没能给杰克有效的指导，杰克还是受到了很大的启发。拜访完这些富豪之后，杰克更加坚定了成为百万富翁的想法，并为此继续努力。他从小小的学徒工做起，到成为工厂主，再到后来成立了属于自己的公司，还不断扩大经营业务和范围。最终，杰克如愿以偿成为了百万富翁。

为什么杰克能够成功呢？如果他始终和父母一样被困于农场之中，连成为百万富翁的梦都不敢做，等待着他的一定是平凡的人生。然而，杰克很勇敢，自从梦想着成为百万富翁之后，他没有一刻放弃梦想，始终怀揣梦想，努力向前。直到有一天，他有机会来到纽约亲自拜访那些百万富翁，他距离自己的梦想越来越近。面对这些比他更优秀的成功者，他没有退缩，而是虚心向他们求教和学习，从而不断地缩短自己与他们之间的差距，直到自己和他们达到同样的高度。

只有努力去接近那些成功者，向他们求教、取经，这样我们才能不断地从成功者身上汲取经验和教训，才可以让自己的人生因为得到指引而不断进步。需要注意的是，在优秀者面前我们不应产生太大的压力，而应该积极地向他们靠拢。也许一开始我们与优秀者之间存在巨大的差距，未免内心惶恐，但是只要我们不断从和他们的交往中汲取养分、坚持进步，我们与优秀者间的差距就会越来越小。

◆ 爸妈有话说：

孩子，天外有天，人外有人，即使你再优秀，也总会有比你更加优秀的人。面对优秀者，不要因为嫉妒而远离他们，也不要因为压力而不敢面对他们的辉煌和成功，你要努力进取，积极地向优秀者学习。如果能与优秀者成为朋友，则是莫大的幸运。记住，每一个优秀者都不是生而优秀，而是从平凡不断地成长和发展起来的。你只要虚心求教，坚持进取，有朝一日就会达到与优秀者同样的高度和水平，也会变得非常优秀且璀璨夺目。当然，对于优秀者一定要尊重，虚心求教，这样你才能得到他们慷慨的指点和帮助。

## 男孩大大咧咧，朋友伤心时也要陪伴左右

人与人之间患难见真情，在朋友伤心的时候陪伴在朋友身边，远比在朋友得意的时候亲近朋友更加难得。遗憾的是，现实生活中很多朋友都是能一起享受荣华富贵，而不能一起分担失意落魄。因此一个人一生中能得到一个真正的朋友实为难事，如同"人生难得一知己"道出的真理一般。朋友之间一定要做到心意相通，彼此理解，这样才能保证友谊之树常青。

就人际交往的角度而言，理解别人是一种优秀的品质，也是人际相处中的一种能力。人与人如果能够做到相互理解和尊重，能够尽量站在他人的角度上思考问题，那他们的关系一定会更加和谐融洽。实际上，所谓理解别人，就是换位思考。一个人唯有拥有宽容的心，并能与人为善，才能去理解他人，才能拥有真心真意的朋友，收获友谊。理解他人不但能让我们与他人更好地交往和相处，而且可以让我们自身收获幸福。和爱与被爱间的相互作用一样，理解与被理解间的相互作用不仅有助于促进人们的关系和谐，而且有利于提升人们的

幸福感。

父母要告诉孩子真正的友谊不是在成功的时候狐朋狗友围聚在一起,也不是在失败的时候马上就树倒猢狲散,各自奔向前程;而是彼此相互理解和体贴,越是在失意落魄的关键时刻越是能够相互依偎,彼此扶持,从而让感情加深,也让人生有希望。孩子在父母和长辈无微不至的爱与关照中成长,容易不知不觉形成以自我为中心的思想。这样骄纵的孩子在走入社会之后难免会做出任性的事。在培养孩子的过程中,父母要引导孩子学会换位思考,也要教会孩子能够站在他人的立场上考虑问题。渐渐地,孩子不但会与父母的关系更好,感情更深厚。当他把这样的相处习惯代入与他人的交往之中时,孩子也必然会得到他人的认可和赏识。这对于孩子处理好人际关系是非常重要的。

佳佳最近很郁闷,他和爱乐是好朋友,但是爱乐最近明显疏远了他。以前,爱乐每天放学的时候都等着佳佳一起走,有的时候上学也会在佳佳家附近的路口等着他,和佳佳一起上学。面对爱乐突然表现出来的冷漠,佳佳根本无法适应,他想不明白自己哪里得罪了爱乐,但是看着爱乐总是一个人独来独往,他也不想问爱乐原因。

直到半个学期后,爱乐突然转学,佳佳才知道爱乐的爸爸妈妈离婚了,所以他要跟着妈妈一起去姥姥家里生活。这个时候,佳佳才明白为何爱乐前段时间一直都郁郁寡欢,对他也没有那么热情,原来他正在经历父母闹离婚的苦恼。佳佳很后悔,但是为时已晚,爱乐已经转学去到很远的地方,以后他们甚至都没有机会再见面。

在发现爱乐情绪失落、行为落寞之后,佳佳如果能主动询问爱乐为何不高兴,爱乐也许会告诉佳佳真实的情况。但是佳佳只从自身的角度出发思考问题,而丝毫没有想到爱乐的行为表现也许只是因为家里出现异常。为此,佳佳对爱乐有了很深的误解。误解一旦产生,没有积极的沟通根本无法被消除。尊重和相互理解是人与人相处的基础。所以,男孩在与伙伴相处的过程中一定要尊重和理解伙伴，并设身处地地为伙伴着想。这样才能得到伙伴良性的反馈。

心理学家指出，孩子在成长过程中心理发展要经过几个阶段，依次是依赖父母的学龄前阶段、崇拜老师的学龄阶段和渴望同龄人认可的青春期阶段。由此可见，和同龄人相处得如何，会极大影响孩子的身心发育。作为父母，我们要有意识、有目的地引导孩子学会理解朋友，也要告诉孩子，越是在朋友身处困境的时候，越是要坚定不移地守候在朋友身边。所谓路遥知马力，日久见人心。患难才能见真情，朋友之间，雪中送炭总是要比锦上添花更得人心。

◆ 爸妈有话说：

孩子，你长大了，会有更多的朋友。在与朋友相处的时候，不要在朋友得意时与朋友亲近，却在朋友失意时与朋友疏远；而是应该在朋友得意时不远不近，而在朋友失意时更加亲近朋友，给予朋友理解和支持。这样你与朋友之间的情谊才会加深，才能得到真正的朋友。

## 男孩，尊重他人是与人交往的前提

在任何形式的社会交往中，人与人之间的关系都是不稳定的。因为受很多因素的影响，人与人之间的关系总会有远近亲疏的呈现，彼此尊重则为良好的人际关系奠定了基础。男孩在与他人相处的时候，首先要把他人当作自己的朋友，对他人敞开心扉，才能得到他人同样友善的对待。男孩如果不能先尊重他人，反而误解乃至常常藐视他人，那么其与他人之间就无法建立良好的关系，想要彼此之间合作和友好相处也变得不可实现。

在人际关系中，相互尊重至关重要。根据马斯洛的需求层次理论，在满足了吃喝拉撒等基本生理需求之后，人们就开始追求更高层次的精神需要，那就

好妈妈要及早
告诉儿子的事

是得到他人的尊重。人类是群居动物,这个世界上没有人可以真正离群索居地生活。既然生活从来不是封闭的,我们就要尊重他人,这样才能得到他人的尊重,也才能与他人建立良好的关系。

很多男孩不懂得尊重他人,很有可能是因为他们在成长的过程中没有得到父母的尊重。从这个角度来说,父母尊重孩子不但是打开孩子心扉的重要方式,而且是教会孩子尊重他人的榜样示范。也许男孩小时候是否尊重他人只会影响交友,然而,随着渐渐长大,是否尊重他人会影响男孩的人生。当孩子走出校园,走入社会,尊重会成为更加不可或缺的人际相处基础条件。不懂得尊重他人的人在人生的道路上必然寸步难行。

还需要注意的是,在与他人交往的过程中,男孩要做到严于律己,宽以待人。很多人都知道这是人际相处的原则,却不能真正做到。所谓严于律己,就是要对自己严格,对自己提出更高的要求,并且努力做到;所谓宽以待人,就是对待他人要宽容,这样才能表现出自己的宽容大度,同时表现出自己的友好。偏偏有很多男孩把这句话完全颠倒过来,他们对于他人非常严苛,而对于自己很宽容。因此在人际关系中,他们常常会陷入困境,很难结交更多的朋友。

年轻时,苏东坡和章惇是好朋友。章惇官运亨通,没过多久就成为宰相,高官厚禄,一人之下,万人之上。后来,苏东坡不慎犯下错误,被发配到岭南,又辗转至海南,从此颠沛流离。适逢天下大赦,苏东坡才得以回家。正当苏东坡回家的时候,章惇却被流放到岭南一个偏僻的地方。得到这个消息之后,才刚刚安定下来的苏东坡赶紧给章惇去信。在信里,苏东坡安慰章惇一定要安享生活,不要伤心。还问候了章惇的母亲和儿子,劝慰他们一定要积极乐观地面对眼下的困境。得到好朋友的鼓励,章惇感到非常欣慰。

真正的好朋友,不会在朋友落魄的时候落井下石,而会始终尊重朋友,爱惜朋友,竭尽所能帮助朋友。在错综复杂的官场上,得到真心的朋友才是真正的幸运。由此也可以看出，尊重是筑建友谊大厦的坚实地基。一个人唯有自尊自爱，才能尊重他人，也才能得到他人的尊重。如果一个人连自己都不能善待，又如何能善待你的朋友呢？

青少年能拥有友谊，在朋友的陪伴下健康快乐地成长，这就是人生的幸运。对于青少年而言，友谊是人生中至关重要的精神养料，朋友更是青少年一生的陪伴。需要注意的是，我们不要要求朋友与自己完全相同，因为生命赋予每个人鲜明的个性就是为了让每个人保持自己的独特性，如此才能让我们在成长过程中理解彼此、相互尊重、彼此依赖，共建友谊大厦。

◆ 爸妈有话说：

孩子，你已经长大了，需要做到尊重朋友。你只有尊重朋友，才能得到朋友的尊重，也才能在成长的过程中得到朋友的扶持和帮助。所谓多个朋友多条路，多个敌人多堵墙。朋友是你一生之中都不可多得的财富。记住，路遥知马力，日久见人心，在朋友落难的时候，一定要一如既往地尊重和帮助朋友，如此才能得到最真挚的友谊。

## 融入集体，主动结交朋友

常言道，一根筷子易折断，十根筷子抱成团。这句话以形象的表达告诉我们，唯有融入集体之中，每个人才能获得更加强大的力量。尤其是在现代社会，分工越来越细致促使合作成为必然的选择。所谓术业有专攻，每个人在自己的专业领域内也许很强悍，但是一旦要想完成艰巨的任务，就需要与他人在一起密切合作，如此才能发挥各自的优势和长处，形成最大的合力。只靠着单打独斗，主张个人英雄主义，任何人都是无法得到很好的发

展的。

所谓集体，就是很多人的整体集合。在集体中，大家要有一致的思想观念和共同的目标。在社会生活中，集体的组织形式非常常见，小到一个家庭，大到一个国家，人与人之间在集体的范围内相互支持和鼓励，为了实现共同的目标而拼尽全力。早在远古时期，人类的祖先要想在无情而又残酷的大自然里生存下来，就需要彼此依靠，相互配合，这样才能战胜困难。随着人类的不断成长和发展，人类变得越来越强大，也有了更远大的目标。但是，个人的力量是有限的，所以，实现伟大的志向依然需要每个人的齐心协力。因此，父母一定要帮助孩子形成集体观念，这样孩子才能融入集体之中，并在与同伴相处的过程中学习和成长。

曾经，释迦牟尼问他的弟子们："如何才能把一滴水保存下来呢？"弟子们苦思冥想，始终没有正确的答案。最终，释迦牟尼告诉弟子们："把一滴水融入江河湖海，它就不会干涸。"的确，一滴水的力量太小了，当单独存在时，它马上就会渗入泥土之中或是被风吹散。只有融入江河湖海之中，与无数水滴在一起，它才能形成规模，得以保存下来。和集体相比，一个人就像是一滴力量渺小的水，在整个宇宙间转瞬即逝；唯有融入人类的集体之中，才能更好地生存。

前段时间，吴京执导的《战狼2》获得了极高的票房，影片里有撤侨的情节。在历史上大规模的撤侨行动中，那些在异国他乡打拼、突然遇到战火袭击的侨民，在看到中国国旗飘扬的那一刻，在重新踏上祖国土地的那一刻，内心是激动的，有的人甚至会扑倒在土地上，亲吻祖国的大地。如今，随着时代的发展、经济的进步和国门的打开，很多人都会走出国门去国外发展。然而，不管何时，他们身后都有一个强大的祖国，有祖国的不离不弃，就是最大的幸运。

在大草原上，曾经出现过一个让无数人都感到震撼的情形。草原上突然燃烧起熊熊烈火。在火圈的中间，有很多蚂蚁被烈火包围，随着火势的蔓延，蚂蚁的生存空间越来越小，蚂蚁只能葬身火海。但是，在死亡的威胁面前，它们想出了一个办法。只见很多蚂蚁迅速聚拢起来成为一个大圆球，然后，它们以圆球的样子滚向火海之外。随着外层的蚂蚁被噼里啪啦地烧死，里面的蚂蚁成功地转移到了火海之外，获得了生机。这就是集体的力量，如果没有团队精神和合作意识，蚂蚁只能全都葬身火海。当然，在集体之中，牺牲精神也是必不可少的，总有人要主动付出，整个团队才能获益。

如今，有些父母害怕孩子吃亏，因此在教育孩子的过程中，总是强调孩子要眼疾手快赚便宜，而不会引导孩子培养集体意识。这样一来，孩子看似赚了便宜，实际上却会在成长过程中陷入被动的状态。常言道，吃亏是福，这其实是有道理的。在集体之中，如果一个人总想着赚便宜，他根本就无法在集体之中树立威信。长此以往，他在集体之中就会失去威信，进而陷入被动的状态。

◆ **爸妈有话说：**

孩子，在集体生活中，一定要学会融入和包容。唯有如此，你才能真正与集体中的成员团结协作。集体，就是每个个体的生存家园，唯有真正地扎根集体，你才能在集体中站稳脚跟，才能在成长的道路上不断前进，砥砺前行。

# 第 03 章
## 进入青春期,这些变化说明你是小小男子汉了

进入青春期,男孩的身心都在快速发展,他们的身体出现了很多变化。男孩如果不了解这些变化就会感到紧张,甚至还会误以为身体有异常;而如果他们提前作好心理准备,男孩就能坦然地迎接这些变化的到来,也可以欣然地接纳自己已经长大的现实。

## 为什么我的脖子上有个凸起的东西

进入青春期之后，男孩身体上的第一性征——喉结开始发育。喉结位于人体的颈部，随着不断地发育，男孩喉部最大的甲状软骨开始发育。其实，这是甲状软骨第二次发育，因为胎儿从出生之后两个月到五六岁期间，甲状软骨一直在发育。到了五六岁，甲状软骨停止发育。直到男孩进入青春期，在雄性激素的作用下，男孩的甲状软骨向前突出，导致喉结的前后径扩大。与此同时，男孩开始变声，声音变得低沉。相比起男孩，女孩的喉结没有经过这样的发育，因而女孩的声音显得很尖细，表现出明显的女性特征。

然而，细心的男孩会发现，自己的喉结在青春期并没有明显突出，反而有些女孩的喉结很突出，这是为什么呢？其实，这也是正常现象。有些学者进行了专门的统计，发现从青春期开始就进行高强度训练的男孩或肌肉发达、身体健壮的男性运动员喉结并不特别突出，而其他方面的男性特征则一切正常。所以男孩如果发现自己的喉结没有那么突出，也不必感到惊讶和恐慌，只要身体发育一切正常，顺其自然就好。专家研究还发现，频繁手淫导致促进甲状软骨发育的雄性激素被消耗，男孩的喉结也会相应地没那么明显。因此，青春期男孩也要避免过度手淫以保证身体正常发育。

此外，脖子细长的男孩喉结突出，相较之下，较胖或脖子粗壮的男孩会因为脖子上有很多的脂肪或肌肉而使得他们的喉结突出不那么明显。此外还需要注意的是，曾经有专家把喉结发育与睾丸、阴茎的发育联系起来，这其实是没有道理的。事实证明，喉结发育是否完善，与睾丸、阴茎发育是否良好没有必然联系。因此，青少年如果发现自己喉结突出不明显，也无须感到惊慌。

## 第03章
### 进入青春期，这些变化说明你是小小男子汉了

转眼之间，乐乐已经是一名初中生了。最近，他发现自己的脖子上明显有一块凸起，而且声音也变得低沉沙哑。乐乐以为自己生病了，赶紧把这种情况告诉妈妈。妈妈笑起来，对乐乐说："傻孩子，你这是长大了。你没发现爸爸的喉结就很突出吗？大多数成熟的男性，都会喉结突出，这也是男性的特征之一。"听到妈妈这么说，乐乐才放下心来。

孩子进入初中，也就进入了青春期，接踵而来的是身体的各种变化。作为父母，要告诉孩子接纳身体的成长和发育，而不要因为对青春期不了解，一旦看到身体方面有变化，就大惊小怪。也许有些父母在涉及青春期性知识的内容时，不知道如何对孩子说，那么可以购买相关的书籍，从而帮助孩子了解关于青春期的知识。这样孩子才能得到正确的指导，才可以健康快乐地成长。

需要注意的是，在青春期，爸爸要更加关注孩子。因为青春期的男孩内心非常脆弱敏感，他也许不好意思和妈妈沟通自己身体上的变化。那么爸爸就要充当孩子成长引路人的角色，时刻关注孩子的成长动态，并有效地给予孩子正确的指导。

◆ **爸妈有话说：**

孩子，你长大了，喉结凸起是你进入青春期后身体成长的明显表现之一。在这个阶段，也许你会面临很多困惑。你可以及时向爸爸妈妈求助，也可以看我们专门为你购买的书籍，这样你才能为自己答疑解惑，才可以快乐成长，顺利度过青春期。

## 遗精，说明你是个男子汉了

男孩进入青春期后，身体和心理上都在经历剧烈迅速的发展。很多男孩

儿在进入青春期之后都会出现梦遗的现象。所谓梦遗，就是男孩儿在做梦的时候发生遗精。通常情况下，第一次梦遗是在青春期成长最快的一年，也就是在十四到十五岁之间。当然每个男孩的情况都不一样，有的男孩在十一岁前后就会梦遗，也有十七八岁的男孩发生梦遗。一般情况下，有腋毛、阴毛和胡须等体毛后，男孩才会出现梦遗的现象。在这之后，男孩的身体会进入快速发育的阶段，尤其是他们的身高会增长很快。

为何男孩会出现梦遗的现象呢？这是因为，在进入青春期之后，男孩身体内制造精液的系统已经发育完善，开始产生精液，但是男孩还没有性行为，因此他们就没有途径可以把精液排泄出来。所谓精满自溢，就是指男孩在精液充足的情况下，在睡梦中精液就会自动地排泄出来。从生理的角度来说，发生梦遗说明男孩已经发育成熟，而且可以繁衍下一代。青春期男孩正处于学习的关键时期，所以要以学习任务为重，而且要尽量避免过早地发生性行为。

大多数男孩在发生梦遗之后都会很紧张、恐惧，觉得自己是生病了，所以才会排泄出这种奇怪的东西。实际上梦遗就跟人的吃喝拉撒一样，是一种正常的新陈代谢。男孩的身体内如果存储了太多的精液，且超出了身体本身所能容纳的精液数量，那么就会自动地把精液排泄出来，然后制造新的精液。这样一来，身体就可以保持生产精液的能力，进行正常循环。有些父母在看到男孩发生梦遗现象之后，觉得梦遗会对男孩的身体造成损耗，因而会特意为男孩制作一些有营养的食物或者是补品。实际上梦遗是正常的排泄行为，无须特意进补。

进入初中之后，有一天早晨醒来，乐乐发现自己的下体非常滑腻，黏糊糊的，他感到很紧张，生怕自己是生病了，为此赶紧跑去找爸爸。他紧张兮兮地对爸爸说："爸爸，我的身体好像出问题了。"被乐乐这么一说，爸爸也很紧张，赶紧询问乐乐到底是怎么回事。乐乐不好意思说，便拿出自己的内裤给爸爸看。爸爸看到内裤上的精液，一下子就明白了是怎么回事儿。他高兴地对乐乐说："儿子，你长大了。"乐乐纳闷地说："我都生病了，你还说我长大了。"爸爸说："乐乐，这不是生病，这是你的身体开始制造精液，如同一个成熟的男人一样开始运转而已。"爸爸给乐乐讲述了很多关于精液的知识，也告诉乐乐男性独特的身体构造以及初步的性知识。在爸爸的解释下，乐乐尽管满脸绯红，但是他紧张的心情放松了下来，意识到自己从现在开始已经成为一个真正的男子汉。因此，男孩第一次出现梦遗之后，父母一定要及时给男孩普及性知识，尤其是爸爸在这个时候要发挥重要的作用，告诉男孩遗精是到底是怎么回事。

当然，梦遗还意味着男孩进入了新的人生发展阶段，所以还要进行一些准备。首先，男孩要避免穿过于紧身的衣服。因为性器官长时间处于温热的环境中，很容易充血，这样就会导致遗精的次数增加。其次，男孩儿要经常清洗身体，保持阴部的干净卫生。汗渍、皮屑等的存在会给阴部卫生埋下隐患，可能引起包皮炎。遇到这种情况，男孩一定要及时治疗才能避免产生严重的后果，否则炎症也会刺激男孩的性器官，导致男孩频繁遗精。

当男孩第一次出现梦遗的情况，就意味着男孩已经真正长大了。这是件值得高兴的事情，男孩无须紧张，更无须惊慌失措。作为爸爸，在这个时候也要及时给予男孩最好的引导和帮助。

◆ **爸妈有话说：**

孩子，你已经成为了一个真正的男子汉。如果你在成长过程中有什么疑问，可以及时地问爸爸妈妈，爸爸妈妈一定会给你详细的解答。尤其是在进入青春期之后，面对身体的变化时，不要感到紧张，因为一切都是成长的表现。

## 嗓音变得低沉，说明你在慢慢走向成熟了

在十三岁到十六岁之间，男孩会出现变声的情况。变声大概要持续半年到一年的时间，在此期间，男孩的声音会从儿童清脆的声音转化为成人低沉的声音，喉头发育也会进行得很快。这样的成长意味着男孩从稚嫩的青少年不断地走向成熟。因而在此阶段，男孩要保护好自己的嗓音，这样才能够让声音变得更加成熟。

在变声期里，男孩一定要保护好声带，因为声带能够决定声音的音色。声带位于喉腔之中，它是弹性黏膜组织，是发音的主要器官，能够决定一个人的音质音色。当然，每个人声带的长短厚薄都是不一样的。在儿童阶段，大家的声带的差别不大，所以男孩女孩才会发出一样的童音。童音的特点就是声调很高，尖锐清脆。而到了青春期之后，男孩的声带开始快速发育，变得更宽更厚，因此声音由高而尖细变得低沉粗哑。相比起男孩，女孩的声带在青春期则没有太大的发展和变化，所以女孩的声音会一直保持高而细的状态。

在变声的特殊时期，男孩要想保护好嗓音，就一定要注意保护声带，这样才能够让自己的声音更有磁性。因为有些疾病会损伤声带，男孩在变声期就要降低患病的可能性。如果突发疾病，男孩要积极配合治疗、尽力保护声带。当然，日常生活中如果能够多注意细节，也可以有效地保护声带。具体而言，首先，可以通过饮食来保护声带。其次，在使用嗓子的时候注意力度，不要声嘶力竭地大吼大叫，这样会伤害声带。最后，还要保持良好的作息习惯，因为生活有规律、情绪稳定、睡眠充足，男孩才能有更好的成长状态。为了降低感冒、嗓子发炎等情况突发的可能性，男孩还要多参加体育锻炼，从而增强免疫力，增强体质。总而言之，只有顺利度过变声期，男孩才会拥有雄浑低厚的男性嗓音。

在经历梦遗的事情没有多久，乐乐就迎来了又一个困惑。原来，乐乐虽

然没有感冒，但是他的声音变得非常沙哑，听起来就像乌鸦在叫。乐乐觉得自己的声音实在太难听了，导致原本在课堂上积极回答问题的他现在很少与老师互动。有的时候即使老师点名让他回答问题，他也吭吭唧唧不愿意说话。老师不知道乐乐这是怎么了，只好和他的爸爸妈妈沟通。在听到老师描述的情况之后，爸爸心中有了答案。

等到乐乐放学回到家里，爸爸问乐乐为何上课的时候不愿意回答问题了。乐乐伤心地流下眼泪，说："爸爸，你听听我的声音，简直太难听了，就像一只乌鸦在叫。"爸爸笑起来说："孩子，这也是你成长的正常过程呀。你听听爸爸的声音和你的声音一样吗？"乐乐摇摇头。爸爸说："这是因为爸爸经历了你现在这样"乌鸦叫"的过程，才能够拥有低沉的声音。声音虽然是无形的，但也是男性的特征之一。对于男性而言，拥有低沉稳重的声音会显得更有魅力。而且你有没有发现，在此之前你和女生的声音很像，都是尖锐高亢的。在经历变声期之后，你的声音才会变成男性成熟的声音，变得更加低沉稳重，也更有魅力。"乐乐说："但是我现在的声音太难听了，什么时候我才能变成你这样的声音呢？"爸爸笑着说，"别着急，也许半年，也许一年，反正这个阶段会很快过去的。在这期间，你会发现你们班的男生陆陆续续都会变得和你一样，到时候你就不会觉得自己很奇怪了。不过在这个阶段里，你要注意保护好嗓子，不吃辛辣刺激的食物，不声嘶力竭地喊叫，还要增强身体的抵抗力、增强体质。这样的话，你的声带才会发育得更好，你以后的声音才会更有魅力、更吸引人。"听了爸爸的话，乐乐对于变声之后的自己充满了憧憬。

青少年在发现自己变声之后，如果班级里其他孩子还没有变声，他们可能会觉得自己很另类，因而变得沉默寡言。实际上，每个青少年都会经历这个阶段。对此，青少年应以端正的心态，坦然面对这种正常的生理变化。

幸好爸爸知道为何乐乐的声音会出现这样的变化，所以才能给乐乐合理解释变声期的各种现象。其实，父母如果不懂得如何引导孩子，也可以借助相关的图书给予孩子最好的指导，这样一来，孩子在发现身体有异常的时候就不会感到紧张和尴尬。

◆ 爸妈有话说：

孩子，如果你想拥有和爸爸一样低沉稳重、充满磁性的声音，就要顺利度过现在的变声期。在这个期间，正是因为你的声带在不断生长发育，你的声音才会显得不那么动听。你只要保护好声带，未来就能够拥有更有魅力的声音。

## 男孩也会长痘痘吗

进入青春期，男孩女孩们体内激素水平的上升会引起他们皮肤上的变化——这就是青春痘。当看着光滑细腻的脸因为痘痘变得坑坑洼洼，青春期的"战痘"少年们总是想方设法地消除这些痘痘。而实际上，在青春期，要想彻底消除痘痘是很难的，因为痘痘是由身体的激素分泌引起的青春期的特别表现之一。

在医学上，青春痘也叫粉刺。青春痘的高发期就是在青春期，所以它才得到这个听起来非常浪漫美丽的名字——青春痘。当进入青春期后，男孩的脸上、后背、胳膊等地方都会长出青春痘。根据每个人的皮肤情况不同，青春痘的生长情况也不同。有的男孩属于干性皮肤，所以他们的青春痘生长会比较少；有的男孩属于油性皮肤，他们的脸往往会成为青春痘的重灾区；还有的男孩属于混合皮肤，他们有的地方会长青春痘，有的地方则比较干，还会长出干皮。这让男孩们非常困扰：如何才能缓解长青春痘的情况呢？首先，我们要弄清楚为什么会长青春痘。

第一，青春痘是会遗传的。父母双方如果有一方有青春痘，那么孩子未来长青春痘的概率就会比较大。第二，青春痘是因为体内激素的分泌太过旺盛，所以才会茂盛地生长的。第三，青春痘是由毛孔堵塞引起的。青春期男孩的皮脂腺分泌特别旺盛，这样一来他们的毛孔之内就会有皮脂混合物，如果没有及时清理，这些皮脂混合物堵塞在毛孔内，就会形成青春痘。第四，环境因素。现代社会，随着经济的发展，生活的环境越来越糟糕，空气状况越来越让人担忧，因此青少年在户外活动的时候脸上会沾染很多污染物，也很容易形成青春痘。第五，生活习惯对青春痘的形成也有影响。很多青少年都喜欢吃重口味的东西，比如火锅、油炸食品，这些食物都很油腻，也容易上火，都会导致青少年长出青春痘。还有的青少年因为好奇沾染上了抽烟喝酒的恶习，却不知道一时的痛快之后是满脸青春痘带来的痛苦。此外，细心的青少年朋友会发现，如果有一段时间缺乏睡眠或者生活不规律，或者为了迎接考试而压力山大，那么都会导致青春痘泛滥成灾。因此，要想战胜青春痘，一定要保持心情愉悦，保持良好的作息习惯。

那么，青春痘什么时候才能够不再长呢？通常情况下，青春痘不再生长的时候，也就是男孩的身体发育成熟的时候。在二十五六岁的时候，男孩的身体发育进入成熟期，他们身体内的各种激素水平处于稳定的阶段，青春痘会越来越少，原有的痘印也会渐渐淡化。青少年要意识到长青春痘是由很多因素引起的，这不是一种疾病，而是正常的生理发展变化。因而青少年要怀着愉悦的心情对待青春痘，否则焦虑的心理状态引发的激素水平失调会导致青少年陷入青春痘频发的恶性循环中。

变声期还没过去，皮特又遭到青春痘问题的袭击。看着自己的脸在一夜之间如同毁容一样惨不忍睹，皮特简直不愿意照镜子，为此他的心情也变得很糟糕。虽然爸爸说这些青春痘都是正常的，但是皮特还是不愿意自己的脸上长满了难看的红疙瘩，为此他询问了班级里几个和他一样长青春痘的男同学："有什么办法可以把青春痘彻底去除吗？"有的男同学说用肥皂水洗，有的男同学说可以用橘子皮里的水涂抹脸，还有的男同学说可以去美容院用一种粉刺针去除青春痘。皮特没有那么多钱去美容院，所以他决定先从最简单易行的方法做起，那就是用肥皂水洗。然而在清洗了一段时间之后，皮特发现自己脸上的青春痘非但没有收敛，反而有越长越旺盛的趋势。最重要的是，皮特在用肥皂水洗了一段时间的脸之后，他的脸上除了青春痘之外，还出现了很多的干皮。皮特觉得难受极了，他觉得自己丝毫没有兴趣再面对自己的脸。

后来，皮特好不容易攒了一些钱去了一家很小的美容院。在美容院里，美容的护理人员拿出粉刺针给他的脸挑粉刺。实在是太疼了，皮特的眼泪都忍不住流了出来，也许是因为粉刺针消毒不过关，皮特脸上有一个粉刺在被挑完之后还发炎感染了。看到皮特脸上的情况这么严重，妈妈赶紧带着皮特去医院就医。在医生的询问下，皮特不得不说出自己去美容院用粉刺针挑出粉刺的事实。医生不由得抱怨："青春痘是青春的标志，很多人想长还长不出来呢，像我们这个年纪的人，多么怀念长青春痘的日子啊！你应该把时间和精力用于享受青春年华，不要总是惦记着青春痘。也许，等你把青春痘彻底忘记，专心享受青春的时候，青春痘就悄无声息地溜走了。脸上有丰富的毛细血管，如果挑粉刺的时候消毒不合格，或者是在错误的部位，就会导致发炎，引起严重的后果，甚至危及生命。"听到医生说得这么严重，皮特再也不敢去美容院清理青春痘了。

长青春痘的时间长了，皮特也就不再为青春痘而烦恼，尤其是班级里，不但男生长出了青春痘，很多女生脸上也长满了青春痘。皮特暗暗想道：女生这么爱美，她们的脸上都有青春痘，我长点儿青春痘又有什么关系呢？后来，妈妈还为皮特准备了一些深层清洁的洗面奶和护肤品。在妈妈的调理下，皮特脸上的青春痘有所收敛，至少看起来没有那么严重了。皮特彻底忘记了青春痘的存在，他高兴地和同学们相处，快乐地成长。

很多青春期的男孩和女孩都会长出青春痘，这是体内激素的大量分泌导致的。对于青春痘，如果男孩和女孩怀着介意的心理，郁郁寡欢，青春痘就会越长越严重。反之，如果男孩和女孩能够怀着坦然接受的心理，保持心情愉悦，尤其是男孩没有那么强的爱美之心，更容易接受青春痘的"美好"。青春痘也会随着男孩体质增强而渐渐好转。也有少部分男孩的青春痘会非常严重，例如里面含有脓液的。在这种情况下，男孩一定不要擅自处理，因为位于脸部三角区的青春痘的破损很有可能引发严重的感染，所以最好去医院让医生帮忙治疗，在医生的指导下采取服用药物等方式来缓解青春痘的严重情况。

男孩一定要记住，青春痘是正常的生理现象要做到接纳青春痘，不要因为青春痘的出现而烦恼。

◆ 爸妈有话说：

青春痘只是你漫长生命中的一个小插曲，你要正确对待青春痘的存在，要珍惜自己长青春痘的青葱岁月。这样，你在未来长大成人之后才不会因为蹉跎的青春岁月而后悔。想笑就高兴地笑吧，想哭就痛快地哭吧，当你拥有稳定的情绪，相信你最终一定会"战痘"成功！

## 下体为何长胡子了呢

阴毛的生长为人体的第二性征之一。在男孩长到十四五岁的时候，随着生殖器官的不断成熟以及身体内雄性激素的大量分泌，男孩的阴茎附近会逐渐地长出稀疏的阴毛。最初阴毛是比较稀疏的，颜色也比较浅，但随着男孩不断地成熟，阴毛的颜色会越来越深重，长得更加浓密。这都是正常的生理现象，男孩无须紧张。

有些男孩在细心观察之后会感到很纳闷，因为他们发现有些伙伴的阴毛非常浓密茂盛，但是他们的阴毛则相对稀疏，颜色也很浅。实际上，这与男孩体内雄性激素水平有关系，雄性激素水平越高，阴毛的生长越茂盛。此外这也与男孩阴部毛囊对雄性激素是否敏感有关系，如果不敏感，阴部就不容易长出阴毛；如果敏感，阴毛则会长得非常茂盛。

当然，阴毛并不是一夜之间长出来的。刚开始长阴毛的时候，男孩的阴部皮肤会出现小疙瘩，这些小疙瘩里面正在孕育着阴毛。在阴毛没有正式长出来之前，小疙瘩还会有一些发痒。等到阴毛如同种子一样非常努力地生长，最终从皮肤表面蹿出来的时候，发痒的情况就会消失，小疙瘩也就自然不见了。在青春期初期，男孩的阴毛只出现在阴茎的部位；到青春期后期，男孩的大腿内侧、肛门周围也会长出一些阴毛，这是因为男孩体内的雄性激素越来越多，所以毛发生长得越来越浓密。

很多男孩不知道为什么自己的阴部会长出阴毛，因而在看到身体上长出阴毛之后会感到非常厌恶。有些男孩偷偷地用剪刀剪掉阴毛或者用剃须刀剃掉阴毛，殊不知，越是用这种方法来控制阴毛的生长，阴毛反而会长得越发旺盛。

当然，阴毛在人类发展的漫长阶段里之所以能够保留下来，是因为阴毛并非一无是处。对于人体而言，阴毛能够起到保护的作用，例如阴毛可以保护阴茎部位不与衣物之间发生摩擦，也可以吸收汗液，保持阴部干爽。这样一来，可以保持阴部的健康卫生，让身体成长发育得更加良好。

最近，皮特总觉得自己的阴部非常痒，他认真观察之后，才发现阴部有了很多小小的疙瘩。皮特还以为自己患了皮肤病，但是，看到患病的位置这么特殊，他不好意思向爸爸妈妈求助，只好自己一个人默默地忍受着。有的时候，他洗澡时会特意用肥皂水多冲洗几遍阴部，但是，越是用肥皂水冲洗，阴部的瘙痒就越是严重。有一天早晨起床之后，皮特发现自己的阴部居然长出了很多黄色的绒毛。皮特感到很紧张，他觉得问题越来越严重，只好向爸爸求助。

皮特告诉爸爸："我好像生病了，因为我的头发长到了一个特殊的地方，这个地方本来是不应该长头发的，所以我觉得我可能是得了多毛症。"听到皮特的话，再联想到皮特进入青春期的种种表现，爸爸即使不查看皮特的情况，也知道皮特所指的是什么。为此爸爸笑着对皮特说："皮特，你说的一定是阴毛。阴毛在最初长出来的时候是细腻的，时间久了，它就会长得越来越茂盛，颜色也会变得深一些。"皮特丈二和尚摸不着头脑，问："阴毛是什么？"爸爸告诉皮特："阴毛就是长在阴部的毛。随着阴茎不断地成长，你会发现在腹股沟也会长出阴毛。"皮特很尴尬地笑起来说："但是这些有什么用呢？我觉得它让我感到很丢人。"爸爸笑起来说："每个人都会长啊，男孩和女孩在青春期都会长出阴毛，这是进入青春期出现的第二性征之一。阴毛的作用很大，既可以保护你在行走的过程中阴部不会受到衣物的摩擦，而且可以保持阴部的干爽，这样一来才更有利于生理卫生。"皮特感到很纳闷，问爸爸："那么有人不长吗？"爸爸想了想说："极少数的人也会不长。"皮特问："那既然是理所当然要长的，为什么有的人不长呢？"爸爸被皮特问住了，因而决定和皮特一起查资料解决问题。通过查阅相关的资料，爸爸和皮特最终知道：有的人之所以不长阴毛，或者阴毛非常稀疏，是因为他们患有无毛症。无毛症不是病，不长阴毛的人只要其他的性特征都很正常，就无须为此感到苦恼。皮特笑起来，说："看来长不长阴毛都会让人烦恼，那我能不能把它剃掉呢？"爸爸笑着对皮特说："剃掉之后，它还是会长的，就像头发一样，而且会长得更加浓密粗硬，所以最好不要剃掉，让它自己自由地生长就可以。"皮特点点头。

的确有少部分男孩在到了青春期之后没有长出阴毛或者阴毛非常稀疏，这并不是一种疾病，只要男孩在性特征的其他方面发育正常即可。当然，长了阴毛的男孩也不要为此感到耻辱，甚至拿出剃须刀将其剃掉，这会导致阴毛生长得更加浓密。

有了阴毛之后，男孩一定要注意青春期的个人卫生。在毛发丛生的地方，总会有很多的汗液、皮屑堆积，所以如果不讲究个人卫生，就会导致长出阴虱。阴虱是一种虱子，就像人的头上会长虱子一样，在阴部的毛发里也会长出虱子，这必然会导致阴部异常瘙痒。如果不小心感染了阴虱，男孩一定要在第一时间就剃掉所有的阴毛，这样阴虱就没有空间可以继续生长。此外，为了避免患上毛囊炎等疾病，男孩还要穿宽松的衣服。如果总是穿着紧身的牛仔裤不但会把身体勒得很紧，没有办法通风，而且还会因为牛仔裤的布料太过厚重，对身体摩擦过度，这也是不利于健康的。

◆ 爸妈有话说：

　　尽管阴毛长在人体的隐秘部位，但是阴毛对人体的作用不容小觑。进入青春期之后，你的身体发生了很大的变化，一定要注意保持干净卫生，这样才能够让身体健康地成长。当发现身体也有异常的时候，你不要感到惊慌恐惧，要信任爸爸妈妈，也可以从书本上求得帮助，这都是很重要的。

# 第04章
## 从来纨绔少伟男，自信自立的男孩最帅气

父母即使再爱孩子，也不可能代替孩子度过人生。明智的父母在培养孩子的过程中会着重培养孩子自信的品质，让孩子更加勇敢坚毅，做到独立面对人生，成为真正的人生强者。人生的道路是漫长的，没有人能够一蹴而就，更没有人可以在成长的道路上偷懒。唯有不忘初心，砥砺前行，孩子才能勇往直前，收获满满。

## 学会拒绝他人，才能保护自己

社会生活中有很多人都是不折不扣的老好人，他们不知道如何拒绝他人，因此在面对他人的请求时，他们总是照单全收。不得不说，这样的老好人常常使自己犯难，也未必能给他人留下好印象，因为有的时候他们勉为其难地答应了他人的请求却没有做到，以致于招致他人的反感。其实，不管是对成人而言，还是对孩子而言，我们既应该对自己有客观中肯的认识，知道自己的力量所及之外，也要学会拒绝他人，而不要等到无法兑现承诺时再得罪他人。唯有果断处理好他人的请求，做到乐于助人，也做到果断拒绝他人，我们才能保护自己，并经营好人际关系。

犹太民族大名鼎鼎的教育家弥赛亚曾经说过："在家教方面，教育孩子什么事不能做，非常重要。"在这个主题中，这句话可以理解为父母在教育孩子的时候，一定要告诉孩子哪些事情可以帮助别人做，而哪些事情如果超出自身的能力范围就要及时拒绝，因为这些事情处于不能做的范围之内，这一点是非常重要的。然而，大多数孩子从小就被灌输乐于助人的思想，尤其是男孩，往往会不自量力地答应他人的请求。这样一来反而使自己陷入被动的境地，最终因为无法满足他人的愿望而得罪他人。

实际上，聪明的犹太民族认为，一个人如果缺乏自信，不能自立，就往往会在面对他人的请求时表现出唯唯诺诺的性格特点，不懂得拒绝他人。此外，很多男孩都不善于拒绝他人是因为他们觉得一旦他们拒绝他人就会激发他人心中的怒气，也意味着自己在将他人拒之门外。这样一来，也许将来他人也会拒绝男孩，这会让男孩感到非常沮丧，并产生深深的挫败感。从心理学的角度而言，这样的男孩非常在乎别人对他的看法，总是活在别人的眼睛里、嘴巴

## 第04章
### 从来纨绔少伟男，自信自立的男孩最帅气

里，别人对他的看法往往会影响他在很多方面的表现，甚至动摇他的决策。这样的男孩是没有独立性的，而且缺乏自信心。他们在人群之中总是想要改变自己去迎合每个人，却常常因此而更加遭到人群的漠视和忽视，这导致他们的内心感受到深深的沮丧和绝望。而真正自信自立的人，他们不在乎别人说什么，也不在乎别人做什么，而是坚定不移地做最好的自己。他们坚信，他们所表现出来的样子就是自己最真实的样子，也坚信现在的自己就是最好的自己。他们从不活在他人的眼光里，而是笃定地做自己，呈现自己最本真的模样。这样的人，一定内心从容，坦坦荡荡。

乐乐是个乐于助人的好孩子，常常为他人着想，不过乐乐也有一个缺点，那就是他不懂得拒绝别人。如果有人请他帮忙，只要这是他力所能及的事情，他就会竭尽所能。有时甚至这件事已经超出他的能力范围，他也不会拒绝，而是硬着头皮答应。

期中考试时，同桌生怕自己考试成绩不好被父母批评，为此请求乐乐帮助他。乐乐当然知道帮助别人作弊是错误的行为，但是看着同桌恳切的眼神，他感到无法拒绝。到了考试的时候，同桌不停地向乐乐求助，结果乐乐因为提心吊胆地帮助同桌导致无法专心致志地完成试卷，更没有时间检查试卷。最终，他的考试成绩一落千丈，还被老师根据试卷上相同的错误发现了他和同桌作弊的事实，被狠狠地批评了一通。

因为不懂得拒绝同桌不合理的请求，乐乐陷入了被动的境遇中，不但考试成绩不好，还被老师狠狠地批评，这是得不偿失的行为。犹太民族的父母常常告诫孩子，拒绝别人的不情之请就相当于保护自己。为此，犹太民族的父母很注重培养孩子拒绝的能力，也在此过程中让孩子变得越来越独立自信。

很多孩子因为不好意思而不能说"不"，也有的孩子因为抹不开面子拒绝他人而蒙受惨重的损失。殊不知，在人际交往的过程中，能够坦然地说不对于孩子而言是一种能力，也是一种自我保护的必备素质。

不懂得拒绝的孩子往往缺乏坚定不移的想法，他们总是因为别人随随便便的评价而陷入困境，也总是为此而变得被动。尤其是对于青春期的男孩而言，他们很容易在集体中盲目从众，这是因为他们渴望得到团队成员的认可，也希望在团队生活中证明自己的能力。然而，如果因为不懂得拒绝损害了自己的利益，导致自己陷入被动的境遇，就算得到了他人的认可，又有什么用处呢？明智的孩子不会总是人云亦云，而是以拒绝的方式保护自己，也以拒绝的方式表现出自己的独立性和信心。作为父母，一定不要要求孩子对于他人总是有求必应，而是要引导孩子学会拒绝，并掌握拒绝的方式和技巧。

◆ 爸妈有话说：

亲爱的儿子，你渐渐长大，能力越来越强，更加深入地与人交往，融入社会生活。你固然要乐于助人，竭尽所能地帮助他人，但也要学会保护自己，在自己的能力达不到的情况下，千万不要勉为其难地答应别人的请求。否则，你就会陷入被动之中，也会因此而深深地伤害自己。记住，合理拒绝他人是一种能力。

## 有毅力的男孩足以掌控自己的人生

人生中，有太多时候人们都处于一种"山穷水复疑无路，柳暗花明又一村"的境地。这也就意味着成功从来不是一蹴而就的，世上更没有天上掉馅饼的好事情，每个人都必须努力付出来证明自己的实力，才能得到生命的馈赠。因此，在成长的道路上，孩子一定要有毅力，才能坚持不懈勇往直前，也才能在成功的道路上执着前行，绝不放弃。

缺乏毅力的孩子，一旦遇到小小的困难就会想要放弃，他们也许不会失败，却也彻底失去了成功的机会。而有毅力的孩子总是越挫越勇，他们不惧怕生命中遭受的坎坷挫折和磨难，始终勇往直前，绝不轻易放弃。为了让孩子能够在人生的道路上勇往直前、充满力量，父母一定要告诉孩子要有毅力，也要引导孩子真正成为人生的主宰，在人生的舞台上尽情展示和表现自己。

1952年，大名鼎鼎的游泳健将查德威克准备从卡得林那岛屿下水，游向加利福尼亚海滩。这个时候，查德威克已经举世闻名，因为她在两年前就已经成功地横渡英吉利海峡，从此名震世界。

到了计划好的日子，查德威克从卡得林那岛屿出发，然而，那天的天气很糟糕，雾气弥漫，而且天气很寒冷。查德威克游了十六个小时，但是始终没有看到岸边。她的视线被浓重的雾气遮挡住，这使她觉得目的地遥不可及。为此，她要求上船，不愿意继续往前游。然而，船上的人告诉她，只要再游一英里，就可以到达目的地的海滩。但是查德威克实在太累了，她看着弥漫的雾气，还以为其他人是在骗她呢！所以，她坚持要求上船。到了船上，她瑟瑟发抖地裹着毛巾，还没有喝完一杯热水就发现海岸近在咫尺。查德威克懊悔不已，因为她哪怕再坚持一会儿，就能看到岸边，也就能够完成这次挑战。两个月后，查德威克再次重复此前的行程，这一次她以极大的毅力坚持着，最终成功到达了岸边，创造世界纪录。

短短两个月的时间里，查德威克的两次挑战却是截然不同的结果。第一次她之所以失败，是因为缺乏毅力；第二次她之所以获得成功，是因为拥有毅力。对于每一个孩子而言，在成长的过程中一定会遇到各种各样的困难境遇，如果没有毅力，轻易放弃，一定无法获得成功。只有不断地坚持下去，在人生的道路上一往无前，才能看到希望的曙光。

人们常说，世界上的事情最怕认真二字。这是因为一个人如果有认真的品质，就可以全力以赴奔向成功。这里所说的认真，其实是坚持不懈的努力，也是坚韧不拔的毅力。父母在教育孩子的时候，一定要培养孩子顽强不屈的品质，也要激发孩子的潜能。有的父母觉得孩子还小就对孩子是否有毅力这种事不以为意。殊不知，毅力不是与生俱来的，而是在循序渐进的培养中形成的。因此，父母可以抓住生活中的很多小事来锻炼孩子的毅力。有的时候，哪怕是不起眼的小事，要想长期坚持下去也是很难的。

现代社会，很多孩子都在父母无微不至的照顾下成长，丝毫感受不到生活的艰难。其实，在战胜困难的过程中，孩子更容易形成毅力，并逐渐拥有坚韧不拔的意志力。当然，处于不同年龄段的孩子有不同的身心发展特点。为此，父母可以根据孩子的身心发展特点为孩子制订具体的计划，有的放矢地培养孩子的毅力。需要注意的是，父母要想培养孩子的毅力，本身就要有毅力。因为培养孩子的毅力相当于聚沙成塔，父母必须坚持培养孩子的毅力，才能让孩子更加勇往直前，无所畏惧。

◆ 爸妈有话说：

孩子，当遇到困难的时候，千万不要退缩，正如人们常说的，困难像弹簧，你强它就弱，你弱它就强。所以越是面对困难，我们越是要鼓起信心和勇气，以顽强的毅力与困难博斗。唯有如此，我们才能以不屈服的精神战胜困难，才能勇往直前地在人生的路上坚持进取。

## 好男儿绝不是语言的巨人，行动的矮子

一个人的想法即使再好，如果他不能施以行动，那这个想法也只会沦为无意义的空想。很多孩子设想人生，总是躺在床上用脑子去想，而从来不会将好的想法付之于行动。实际上，一切好的想法都要付诸行动才能变成现实，才会对人生起到积极的推动作用和影响。为此父母要告诉孩子要努力成为一个独

立的行动派，而不要总是把虚幻的愿望挂在嘴边，却从来不付诸行动。

在中国，多年前独生子女政策的推行使得大多数家庭只有一个孩子。为此，父母和长辈总是把所有的爱与关注都投入到孩子身上，也总是全方位地呵护孩子。殊不知，若孩子在蜜罐中长大，从来不为生活烦忧，他们就无法理解生活的艰难，且始终扮演着理想主义歌颂者的角色。在这种环境中成长的孩子，一定距离行动很远。只会嘴巴上抱怨父母对他们的管教过于严格，从来不给他们机会去尝试。作为父母，在教养孩子的过程中，要有意识地培养孩子独立行动的能力。只要父母可以与时俱进，根据孩子的能力发展情况为孩子安排事情，那么随着锻炼的次数越来越多，孩子的能力也会逐渐增强。也许孩子一开始什么事情都做不好，但是只要他们用心锻炼，努力进取，渐渐地，他们会把事情做得越来越好。由此可见，把孩子变成行动派的关键在于父母，只要父母能够积极鼓励孩子并给予孩子机会切实展开行动，就可以激发孩子的潜能，让孩子不断地成长，他各方面的能力才能够得以提升。

凯凯是家里的独生子，从小就被爸爸妈妈无微不至地照顾。由于凯凯的爸爸妈妈也是独生子女，为此，凯凯还得到了爷爷奶奶、姥姥姥爷无微不至的照顾。正是在这样的成长环境中，凯凯养成了衣来伸手、饭来张口的坏习惯。他在家里几乎什么都不做，家里人也认为什么都不用他做。

凯凯已经十二岁了却依旧凡事都要父母安排。正巧学校里提出要让孩子"自己的事情自己做"，凯凯也响应号召，要成为独立自主的男子汉。凯凯的豪言壮语喊得很响亮，但是当天晚上写完作业，凯凯又喊妈妈帮助他收拾书包。妈妈对凯凯说："凯凯，你不是要自己的事情自己做吗？就要从收拾书包开始。"凯凯对此不以为意，说："收拾书包是小事情，不需要我自己做吧？"看着凯凯推拖的样子，妈妈很无奈地说："你这样只喊口号却不付诸行动是无法独立的。真正的独立，是要凡事亲力亲为。"在妈妈的坚持下，凯凯才亲自收拾书包。次日，上学的时候，奶奶提出要帮助凯凯背书包到校门口，凯凯想起妈妈说的话，当即拒绝奶奶的要求，说："奶奶，我都已经六年级了，可以自己背书包。从现在开始，我要自己的事情自己做。"

很多孩子之所以依赖心理很强，就是因为他们始终生活在父母无微不至的照顾下，为此根本没有能力真正独立。孩子的能力不断地增长和提升是在坚持实践的过程中实现的。作为父母，要循序渐进地培养孩子的独立能力，也要在孩子力所能及的情况下，引导孩子坚持独立做事情。父母还要给男孩机会去做自己的事情，这样男孩才会越来越强大。

学会独立处事是孩子成长过程中的必经之路，是需要孩子从理论到实践掌握的一门课程。父母要结合资料和自身经历给孩子阐明学会独立的重要性和方法。此外，父母还要帮助男孩提升自身的能力，给男孩亲自实践的机会。总而言之，孩子的成长不是一蹴而就的，每一个父母都要引导孩子，帮助孩子渐渐摆脱父母的照顾，真正独立地面对生活。

◆ **爸妈有话说：**

孩子，你已经长大了，总有一天需要独立面对生活，独自支撑起人生。所以爸爸妈妈会放手让你做力所能及的事情。你也要记住，独立不是一个口号，而是要真正付诸行动才会收到更好的效果，你才能真正走向独立。

## 男孩自立自强，不依赖他人

生活中，如果一个人总是习惯于向他人求助，渐渐地，他独立生活的能力就会越来越差，而在不知不觉之间形成对他人的依赖，且总是给别人添麻烦而不自知。尤其是男孩，正处于人生中成长的关键时期，染之黄则黄，染之苍则苍，因而父母更要提醒男孩一定要独立自主，并有意识地培养男孩独立处理很多事情和问题的能力，这样男孩才会成为真正的男子汉，才能在成长过程中更加积极主动地面对人生。

少给别人添麻烦，这是做人的原则和底线。每个人都有自己的人生需要经营，一个人把自己人生的希望都寄托在他人身上无疑是非常糟糕的。通常情况下，总是给别人添麻烦的人都是自私的人，他们只重视自己的感受，还完全不顾忌别人的感受。他们根据自己的需求肆无忌惮地求助于他人，而丝毫不曾意识到自己已经给他人留下了恶劣的印象。照这样说，男孩如果总是麻烦别人渐渐地就会失去好人缘，还根本无法得到他人的认可和尊重。此外，不给别人添麻烦的表现也是遵守社会公德。很多人在公共场合大声喧哗、随意抽烟吐痰，招来他人厌恶和嫌弃的目光，却毫不自觉。

人要独立自强，就要避免给别人添麻烦，唯有如此，我们才能以实力证明自己，以自强的精神彰显自己的人生态度。不到万不得已，最好不要轻易求助于他人，因为每个人都有自己的生活，突如其来的外来事件一定会打乱他人的生活节奏，导致他人陷入忙乱之中。当然，要想让孩子发自内心意识到不给别人添麻烦有多么重要，父母就要引导孩子学会设身处地为他人着想。例如，总有些孩子在给别人添麻烦却浑然不觉，还觉得别人帮助他是理所当然的。这样的孩子不但没有恪守不给别人添麻烦的原则，而且不知道感恩，明明得到了别人的恩惠，却不愿意承认别人的恩情，他们显然是不会受人欢迎的。设身处地为他人着想，理解他人的苦衷，我们才能避免随便求助于他人，在被他人拒绝的时候也才不会怨恨他人，否则会使得人际关系变得很恶劣。

下午第二节课是美术课，因为忘记带马克笔，凯凯特意向坐在前排的好朋友品轩借用马克笔。然而，品轩自己也要用马克笔，为此他只答应借给凯凯几种不常用的颜色，而其他颜色要留着自己用。凯凯很生气，暗暗想道：品轩真小气，我不就是借用一下么，又不是不还给他了。为此，凯凯没有用品轩的马克笔，后来也渐渐地和品轩疏远了。

没多久就是凯凯的生日。凯凯邀请了好几个同学来家里做客，唯独没有邀请品轩。看到凯凯的请客名单，妈妈很纳闷地问："凯凯，品轩不是你最好的朋友吗？为何你没有邀请他呢？"凯凯生气地把借用马克笔的事情讲给妈妈听，妈妈语重心长对凯凯说："凯凯，当时正在上美术课，对不对？"凯凯点点头。妈妈继续说："你们既不能扰乱课堂秩序，也不能随便下位，这就意味着，如果凯凯把常用的颜色借给你，他必须经常回头向你要回，很有可能被老师批评。为何你不向同桌借用呢？至少没有那么大的动静，拿起来也比较方便。如果是你，你愿意把马克笔借给别人用而导致自己无法完成作业吗？"听了妈妈的话，凯凯陷入沉思之中，良久他才说："妈妈，你说的似乎有道理。"妈妈嗔怪道："赶紧邀请品轩吧。品轩做得没有错，倒是你，不要因为小心眼就失去一个好朋友。"

在妈妈的建议下，凯凯邀请品轩来家里参加生日宴会。让凯凯惊喜的是，品轩居然送了他一整套的马克笔，凯凯感动不已。

凯凯无疑只是在为自己考虑，所以才会气品轩没有把马克笔借给他用。其实，妈妈说得很有道理，所以凯凯采纳妈妈的建议，邀请品轩参加生日宴会。事实证明，品轩是个好朋友，因为他还记得凯凯没有马克笔用的事并送了一整套马克笔给凯凯。

任何时候，男孩都要学会换位思考，站在他人的角度上思考问题，才能理解他人的言行举止。其实，凯凯如果早一些想到向品轩借用马克笔会很麻烦，而不去请求品轩把马克笔借给他，那么也就没有后来的这些不愉快。在无可奈何的情况下，男孩当然可以求助于他人，但是也要考虑到他人帮忙的成本，尤其是在特殊的环境里，还要考虑他人帮忙的可行性，这样才能让一切进展顺利。

第04章
从来纨绔少伟男，自信自立的男孩最帅气

◆ 爸妈有话说：

每个人生活在这个世界上都有有求于人的时候，但是求人的次数最好不要太多，更不要给别人带来麻烦。寻求他人的帮助时，一定要先考虑他人的情况，确定他人的确有能力帮助我们，而不至于给他人增加太多的麻烦，这样才可以张口。否则，提出不情之请的人是会被人鄙视的，在人际交往中也无法给他人留下好印象。

## 只有坚强，男孩你才能拥有成功的人生

古往今来，一切伟大的人无一不是坚强的人。正如古人所说，天将降大任于斯人也，必先苦其心志，劳其筋骨，饿其体肤，空乏其身，行拂乱其所为，所以动心忍性，增益其所不能。的确，每一个成功者都有自己的成功之道，但是他们也拥有相同的品质，那就是都很坚强。面对生活的艰难困苦，他们从不轻易放弃，而是越挫越勇，在与命运博弈的过程中证明自己。

很多人以为，一天是从黎明时分开始；而实际上，一天是从凌晨开始，那正是一天之中黑暗最为深重的时候。最智慧的民族犹太民族认为一天从黑暗中开始，在明亮中结束。这也告诉我们，犹太民族是非常积极乐观的，所以他们对于人生才能如此昂扬向上。孩子在成长的过程中也应该形成坚强的品质。唯有如此，孩子才能从容面对成长过程中的诸多坎坷和挫折，才能历经磨难变得越来越坚强和独立。

在读小学三年级的时候，乐乐因为滑轮滑不小心摔倒导致腿部骨折。他从大脚趾头到大腿根部全部都打了石膏。在受伤的地方非常疼痛的情况下，他甚至无法坐着，只能躺在床上。大概两个半月后，乐乐才拆掉石膏，可以坐起来。

后来，当乐乐可以拄着拐杖下床行动之后，妈妈开始利用工作之余教乐乐语文和数学，还聘请了英语老师教乐乐英语。乐乐一边养伤，一边努力学习，有的时候也会感到压力很大，因为他要在一个学期的时间里学完一整年的课程。然而，他没有气馁，每天都很配合妈妈，还学会了自学的方法。一年过去了，乐乐和同班同学一起升入四年级，他的学习成绩非但没有退步，反而从班级前十名进入了前五名。对于乐乐的表现，老师都由衷地竖起了大拇指。

坚强的品质能够帮助孩子们突破成长过程中的困境，让孩子们更加勇敢无畏地努力向前。很多孩子在成长的道路上之所以总是不能取得进步，就是因为他们始终被困扰着，不知道如何才能积极进取，且一旦有小小的困难横亘在面前，他们就会被挡住去路。作为父母，要有意识地引导孩子挑战困难，突破和成就自我，这样孩子才会在成长过程中更加努力进取，勇往直前。

在这个世界上，没有谁可以绝对轻松地生存，每个人都有自己的苦恼和面对的生存困境。坚强的人不会随随便便就抱怨，而是会调动全身心的力量，努力地超越困境，成就自我。父母不仅要让孩子学会坚强，更要以身作则为孩子树立榜样，这样孩子才能在成长的过程中坚持进取，砥砺前行。

◆ 爸妈有话说：

孩子，不要让困难成为人生的障碍，唯有不断地突破和超越自我才能真正地成就自我。记住，每个人的人生都不是坦途，而成功者之所以成功，就是因为他们很努力，绝不畏缩，始终带着昂扬的志气不断地前进。

## 男孩有勇更要有谋，才能成功

在这个世界上，最饱经苦难的民族就是犹太民族，他们总是受到迫害，生活颠沛流离。为此，犹太民族把作为身外之物的房子、金钱等都看得很轻，而更加重视智慧。他们认为智慧可以与人相依相伴，而且能够提升人生的质量。为此，犹太民族很注重培养孩子的智慧，很多犹太民族的孩子小小年纪就表现出聪慧的潜质。可以说，犹太民族对于智慧的理解比世界上的其他民族更加深刻。作为父母，我们也要向犹太民族学习，努力将孩子培养成有勇有谋，智勇双全的人才，如此，孩子才能获得成功。当然，孩子仅仅有智慧也是不够的，因为把美好的想法变成现实，他们还需要切实的行动。因此孩子必须智勇双全且具备相当的行动力，才能勇敢地走向成功。

对于孩子来说，成长的道路是漫长的，要想在人生中有所成就，他们就必须非常努力，在学习上出类拔萃。如果孩子总是在困境中成长，看不到人生的希望和光芒，他也不会有进步的。

要想让孩子有勇有谋，父母就要做孩子的好榜样，所谓身教大于言传，父母的示范对于孩子而言至关重要。因为孩子和父母生活在一起，总是会在潜移默化中受到父母的影响。孩子在成长过程中会遇到各种各样的难题，他们之中有的人知难而退，无法勇敢无畏地前进；有的人迎难而上，总是能够想方设法战胜困难。其实，心理学家经过研究证实，大多数人的先天条件相差无几，之所以有的人总是与失败纠缠，有的人却能够获得成功，就是因为成功者有坚韧不拔的顽强毅力，而失败者遇到小小的困难就会放弃，从此一蹶不振，彻底失去了成功的机会。

在日常生活中，父母面对各种艰难的境遇时，要以身作则，为孩子树立积极的榜样。当然，父母不要一味地强迫孩子，而是要激发出孩子内心的勇气，如此才能让孩子从内心深处爆发出勇气，从而坚定执着，勇往直前。记住，没有人天生就是强者，也没有人能够随随便便获得成功。尤其是男孩，必须知道成功得来不易才能在成长的过程中砥砺前行。在此过程中，父母要培养孩子的自信心。古今中外，无数伟大的人之所以能够取得成功，不仅是因为他们有杰出的才能，也因为他们能够抓住各种机会展示自身的实力，拥有充足的信心。记住，这个世界上从没有免费的午餐，也没有一蹴而就的成功。每个人唯有在成功的道路上坚定不移地往前，才能成就自我，才能活出独属于自己的精彩与充实。

自信心对于孩子而言至关重要。如果说人生有奇迹，那么奇迹不但是由爱创造出来的，也是由信心创造出来的。当孩子拥有信心，并且能够一往无前地努力奔向成功时，他就可以抓住千载难逢的机会，也可以在信心的驱使下主动创造机会，缔造成功。

很久以前，有两个人在旅行途中长途跋涉，最后吃光了所有的食物，喝光了所有的水，他们感到饥肠辘辘，筋疲力尽。但是他们一直在坚持往前走，好不容易才来到一处院落。院子里空无一人，但是在院子中的大树上悬挂着一篮新鲜诱人的水果。

一个人看到这篮水果，说："这些水果看起来非常新鲜，一定有充足的水分，也一定非常甘甜，可惜我够不到，只能远远地看着。"另一个人看着水果，也很想吃，因此他暗暗想：这一篮子水果肯定是有人挂上去的。既然他有办法挂上去，我当然有办法取下来。这么想着，他开始在院子里四处寻找，果然找到了一张桌子和一个高高的板凳。他踩着桌子再搭上板凳，轻轻松松就把水果拿了下来，吃了个肚饱溜圆。

常言道，世上无难事，只要肯攀登。在人生的过程中，每个人都会面临各种各样的难题，如果因为畏惧难题就主动放弃，他就失去了成功的机会。因此，父母一定要将孩子培养得更加坚强有毅力，这样孩子才能踩着失败的阶梯坚持进取，并在成长的道路上不断进步。

父母一定要为孩子树立积极的榜样，如果父母遇到小小的困难就退缩，那么孩子也会变得缩手缩脚，根本无法取得进步。父母对于孩子的言传身教的作用是非常强大的，因而父母在孩子面前要慎重表现，也要努力彰显出自信和勇敢。

## 第04章
从来纨绔少伟男，自信自立的男孩最帅气

◆ **爸妈有话说：**

　　孩子，很多时候，人不是被真正的困难打倒，而是被内心的恐惧打倒。只要心中充满勇气，即使面对再大的难题，人们也能做到决不退缩，勇往直前。孩子，爸爸妈妈不要求你一定获得众人瞩目的成功，但是你要在成长的过程中变得勇敢坚毅，这样才能兵来将挡，水来土掩，做到从容应对人生。

# 第05章
## 好男孩志存高远，应尽早设立人生的远大目标

"凡事预则立，不预则废"这句话告诉我们，不管做什么事情，我们都要先规划，然后按照规划按部就班地完成相应的事务。我们若总是浑浑噩噩，东一榔头西一棒槌，不但无法保证事情朝着预期的方向发展，还会导致事情变得越来越糟糕。所以男孩在成长的过程中，一定要树立远大的目标以督促自己坚持不懈、勇往直前。

## 男孩要尽早培养自己管理金钱的能力

随着父母对孩子财商发展的重视提高，很多孩子的金钱观也有了很大的进步，他们不但知道金钱是生活中不可缺少之物，也知道金钱来之不易。因此，很多孩子都想要通过自己挣钱来感受自己拥有财富的快乐，也体会父母挣钱的艰辛。对于孩子这样的想法，父母无须阻挠，而且应该支持孩子去亲身感受挣钱的快乐和艰辛。

如今的社会上，很多父母觉得不应该让孩子过早地接触金钱，否则会让孩子产生金钱至上的错误思想，这会误导孩子做出不正确的决定。其实这样的担忧完全是不必要的，因为只要父母对孩子加以正确的引导，让孩子意识到现实生活中钱的作用是有局限的，并帮助孩子形成对金钱的正确认识，孩子就可以成功地主宰和驾驭金钱，并利用金钱为自己的生活服务。

事实上，孩子并不能从父母的唠叨中真切地感知金钱来之不易的道理。因此，明智的父母会结合自身经历告诉孩子挣钱的艰辛与困难。他们还会给孩子机会，让孩子亲自去当老板体验挣钱的快乐，同时也感受挣钱的辛苦。这样一来，孩子才能够真正成为金钱的主宰者，才能对金钱形成正确的思想观念。说不定，在当老板的过程中，孩子还能成为挣钱高手，驾驭金钱、主宰金钱、享受金钱，并感受到用金钱创造美好生活的乐趣呢！

乐乐一直以来都有一个梦想，那就是通过自己的努力去挣到更多的钱，充实自己的小金库。有了自己的储蓄卡之后，他很想让储蓄卡的数字变得更大一些。乐乐想方设法地挣钱，除了参加报社小记者的活动卖报纸之外，他还在学校组织的淘宝会上卖自己家里闲置的玩具。有的周末，乐乐还会拿出自己看过的书去小区广场上卖给有需要的小朋友。这样一来，乐乐不仅得到了锻炼，对于金钱的认识更加深刻，对于如何赚取金钱也有了更实际的体验。

有一天，乐乐拿着自己小时候的玩具去小区广场上叫卖。看到小朋友在卖东西，很多爸爸妈妈都觉得很新奇。有一个家长想要选择两个旧的摇铃，乐乐看到这个家长一下子要买两件，还主动拿出一个小礼物送给这个家长。家长不由得对乐乐竖起大拇指，说："这个孩子真是有经商头脑，很会做生意。"得到这个家长的表扬，乐乐感到洋洋得意。然而，很快乐乐就感受到做生意的艰难。一个家长对于乐乐卖的玩具表示质疑，他说："你的玩具都是二手的，谁能保证它的干净卫生呢？"乐乐说："在卖玩具之前我已经在家里把玩具都清洗过了，而且用消毒水擦拭过。其实你的孩子就算买新的玩具玩，玩的过程中也会沾染细菌，也要定期消毒清洗。"听到乐乐不卑不亢地回答，这个家长最终也买了一份玩具。

此外，乐乐虽然很热衷于挣钱，但是他在理财方面却缺少计划。他虽然把钱都存到了银行里，但是他并不知道如何利用这些钱去挣更多的钱。有一次，乐乐听说妈妈购买理财产品获得了收益而很激动，也决定把钱交给妈妈用于购买理财产品。乐乐对于理财产品很不了解，为此妈妈给乐乐讲解了理财的知识。后来妈妈还引导乐乐做了一个详细的理财计划表，在这个计划表上明确表示出有多少钱可供乐乐零用，有多少钱可以给乐乐用来理财，预计产生的利息将是多少。看着一目了然的理财计划表，乐乐心中的理财思路也变得清晰起来。

让孩子自己当老板并不是一件简单容易的事情，因为很多孩子内向腼腆，未必能够落落大方地去售卖商品。但是在让孩子当老板的过程中，不但可以提升孩子的自信心，让孩子变得更加勇敢，也可以让孩子在挣到钱之后合理计划和安排金钱的用途，这对于孩子的成长当然是非常有意义的。

很多孩子缺乏对金钱的正确认识，这是因为他们在生活中衣食无忧，如果需要用钱就可以去向父母讨要，为此，他们从来没有做金钱的主人，更没有真

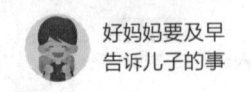

正计划过金钱的用途。如今，父母一味地重视孩子的智商、情商的培养，却不知道在现代社会，提升孩子的财商也是至关重要的，正如人们常说的"你不理财，财不理你"。父母必须有意识地提升男孩的财商，引导男孩学会主宰和驾驭金钱，这对于帮助孩子合理安排自己的零花钱起到至关重要的作用，而且对于孩子长大成人之后能够主宰和安排好自己的生活也是非常有意义的。

◆ 爸妈有话说：

　　孩子，当你挣到了自己人生中的第一桶金时，这就意味着你更加懂得钱对于你的意义和重要性。当然，在此过程中你也要知道，没有钱固然是万万不能的，但是有钱也不是什么都可以行得通的。人不应该成为金钱的奴隶，而应该成为金钱的主宰，这样才能让金钱为自己的生活服务，才可以有规划地用金钱来改善生活的品质。

## 尽早确立自己的人生目标，人生才有方向

　　一个人要想收获成功或者幸福，最重要的就是确立人生目标。如果一个人失去奋斗的目标，就会像在茫然的大海上航行，不知所终；而朝着目标勇往直前，他才能够不断地突破和超越自我，才能够为了实现人生的价值而坚持不懈地努力。爱因斯坦能成为举世闻名的科学家的原因之一是他有明确的奋斗目标，所以他才能以此为引导与支撑战胜坎坷和挫折，最终获得成功。

　　青春期男孩正处于成长发育的关键时期，对于人生也许并没有深刻的洞察和认知，但是他们仍要为自己设立目标。当然，这些目标可以只是一个个短期的小目标，通过一一践行实现后可以被组成一个巨大的成功。唯有拥有聚沙成塔的勇气，青春期男孩才能够继续自身的行动，勇往直前地奔向目标。正如

奥斯特洛夫斯基所说的那样，每个人都只有一次生命的机会，要想在有限的生命里最大限度实现自身的价值，就要通过目标来指引自己不断地前行。现代社会，很多人碌碌无为，仅有少数人能够获得成功，这并非因为他们在天赋上有显著的区别，而是在于两者在目标设立的明确性上有显著差异。

在目标的激励下，人才能不断激发自身的潜能，才能够排除万难，勇往直前地前进。目标就像航行中的灯塔，指引着人们朝着前进的方向不懈努力；而一旦失去目标，人们就会在奋斗的过程中迷失自我，也会因此陷入困境，根本没有能力继续勇往直前。

很久以前，有个年轻人在河边散步。他散步的时候发现有一个老人正在出租渔网。这个老人的经营策略很奇怪，他以很便宜的价格出租渔网，而且租渔网的人可以把打捞上来的鱼带走。因此想要捞鱼的人很多，年轻人也加入了捞鱼的队伍拿起渔网开始捞鱼，可是在很短的时间内，他就弄坏了三个渔网却连一条鱼都没有捞上来。年轻人很失落，他突然想到也许是老人故意把渔网做得特别单薄，所以才导致渔网不停地被弄坏，这样老人就可以收取更多的租金。为此年轻人质问老人："你的渔网总是会破掉，这样如何能捞起鱼呢？"老人回答："年轻人，你有没有捞上来鱼和渔网是否单薄没有关系，而是跟你是否失去了目标有关。你总是想捞起最大的鱼，却没有想到渔网根本不能承受大鱼的重量。假如你从一开始就为自己确定正确的目标，把小鱼作为捕捞对象，那么渔网就不会这么容易破了。人生也是这样，你必须要制订与自己相符合的目标才能够获得成功，不管是妄自菲薄还是好高骛远都是不可取的。"

老人说得很对，每个人都应该制定符合自己能力和水平的目标，唯有如此才能够通过激发自身的力量获取成功。反之，如果总是不知天高地厚地为自己设定过高的目标，你则会因为能力不足而无法实现目标，变得沮丧落魄。如果总是设定过低的目标，让自己轻而易举、不费吹灰之力就能实现，你也无法令自己提升。只有适度的目标才能激励人们，让他们激发出自身的力量并更加努力地勇往直前。

青春期男孩要根据自己的身心发展水平制定相应的目标，这个目标未必要非常长远，因为每个人在不同时期的目标都是不同的，但一定要符合青春期男孩的发展水平，这样才能激励青春期男孩不断进取，为了实现目标而不断地提升和完善自我。

◆ 爸妈有话说：

孩子，你可以为自己的人生制定目标，这个目标应该符合你的人生志向与理想，也应该符合你的认知水平和能力发展水平。只有这样，你才能够在努力的情况下实现目标。爸爸妈妈将会作为你最坚定不移的支持者，永远站在你的身后，随时为你提供援助和支持。

## 智慧赋予男孩成功的法宝

生活中，每个人的理想和志向都是不同的，有人梦想成为百万富翁，有人梦想获得高官厚禄，还有人梦想可以衣食无忧地度过一生。然而，最好的梦想是什么呢？最好的梦想是成为一个有智慧的人，因为不管想要成为怎样的人，也不管想要获得怎样的成功，只有充满智慧的人才能努力实现既定的目标。

智慧是让人活得更好的法宝。一个人如果没有智慧就无法顺利地解决生活中的问题，也很难灵活处理与身边人的关系。所以有智慧是人过得更如意的秘诀，还是每个人都应该具备的优秀品质。没错，智慧不但是一种能力，而且是一种品质。有智慧的人，不但智商很高，情商也很高，因此他们能够与身边的人相处得和谐融洽。他们的人生也会因为得到更多人的帮助、拥有更丰富的人脉资源而变得截然不同。

## 第05章
### 好男孩志存高远，应尽早设立人生的远大目标

所谓智慧，并不是与生俱来的，而是在后天成长的过程中不断积累丰富的知识和经验才获得的。常言道，不经历无以成经验。这就告诉我们，每个人必须经历更多的事情，不断地从中进行反思和总结，这样才能够让自己拥有更多的智慧。

众所周知，钻石是价格昂贵的商品。为此，很多商人为了赚取更多的金钱选择经营钻石生意，而他们不知道的是，经营钻石生意并非简单容易的事，它不但要有丰富的经商经验，而且要有渊博的知识和高超的智慧。这到底是为什么呢？

曾经有一个日本商人想要经营钻石生意，但是他并不懂得如何才能把钻石生意经营好。为此，他向当时的钻石大王讨教，询问钻石大王如何才能经营好钻石生意。钻石大王问他："你做好准备付出一百年的时间或者说付出所有的时间和精力去研究钻石了吗？要想经营好钻石，除了要有决心之外，你还要拥有渊博的知识。你知道澳大利亚近海的热带鱼一共有哪些种类吗？"听到这个问题，日本商人觉得丈二和尚摸不着头脑。他无论如何也想不清楚，他要经营的是钻石生意，怎么又和澳大利亚近海的热带鱼扯上关系了呢？人人都知道钻石的种类浩如烟海，如果没有足够的耐心，他是根本不可能对钻石全盘了解的。因此，一个商人要想经营好钻石生意就要拿出全面了解热带鱼种类那样的耐心去钻研钻石。

除了经营钻石生意需要拥有智慧之外，赢得马拉松比赛也需要智慧的辅助。日本马拉松冠军山田本一就是依靠智慧取得成功。最开始的时候，山田本一并不是这场国际马拉松赛的热门选手，但他出人意料地获胜了，此后就有很多记者闻讯来采访他。面对记者询问他是如何取胜的问题，他回答他是以智慧取胜。记者们都失望而归，觉得山田本一是不愿意说出自己取胜的真正原因。为此，很多人断言山田本一只是侥幸取胜，也许在下一届马拉松比赛中就会销声匿迹。然而四年后，山田本一再次代表日本参加了在国外举行的马拉松比

赛。在这次比赛中，山田本一依然获得了冠军。面对人们的询问，他还是回答他是凭借智慧取胜，人们对于这个回答显然很不满意。直到若干年后，山田本一出版了自传，人们才知道"凭借智慧取胜"的意思。原来山田本一每次参加比赛之前都会专门研究比赛路程附近的标志物，他用这些明显的标志物把漫长的马拉松赛程进行划分，从而让自己每到达一个标志物就感觉自己已经实现了一个目标。这样一来，他就能够浑身充满力量，更加努力地奔向下一个目标。就这样，山田本一利用他的"标志物智慧"不断突破自我，最终接连两届在马拉松比赛中获得冠军。从这个角度而言，山田本一说自己凭借智慧取胜是很有道理的。

任何一个人要想解决问题，只凭着蛮力去解决是不可行的，一定要开动脑筋，用智慧为自己加分，再加上不断的努力才能真正绽放属于自己的精彩。

◆ 爸妈有话说：

孩子，你也许会拥有人世间很多的财富，但是对于你而言，真正的财富只有智慧。智慧并非生而得来的，而是通过不断地积累学识和经验才能够得到的。所以面对人生的坎坷逆境，你一定要用智慧去解决。唯有如此，你才能更快地成长。

## 男孩做事要有毅力，杜绝三分钟热度

人在制定目标的时候往往会犯一个常见的错误，即好高骛远。大多数人恨不得制定一个必须穷尽一生才能实现的远大目标，殊不知，这个目标尽管对于人生有着很大的指导意义，但是却会因为遥不可及而使得实现目标的人在付出很多努力之后仍没有得到回报，因此变得沮丧绝望，最终距离实现目标越来越远。甚至有些人因为缺乏毅力，还会放弃目标，让自己彻底远离目标。

西方国家有一句谚语，叫做"罗马不是一天建成的"。繁华的古罗马帝国建筑雄伟、经济发达，而这并不是经过一朝一夕的努力就可以一蹴而就的。每个人不管做什么事情都要脚踏实地，依靠点点滴滴的进步，努力地积累经验让自己循序渐进。也可以说，成功都要经历艰苦卓绝的斗争，每一个人的成功都是付出百倍的努力和辛苦之后才能得到的。青少年在成长的过程中可以为自己设立远大的目标，但是不要好高骛远，而要脚踏实地。当目标太过远大的时候，便无法对现实生活起到积极的指导作用，男孩就应该把这些目标进行划分，将其分解为中期目标和短期目标。这样一来，男孩在实现短期目标的过程中，就会获得激励，拥有持续进步的力量，也可以坚持进取，不懈努力，最终通过一步一个脚印的方式越来越接近成功的终点。

古人云："千里之行，始于足下。"这告诉我们，要想用脚丈量这个世界，就必须一步一步努力地去做，而不能只是躺在床上梦想着自己日行千里，否则，再好的想法也会沦为空想，人生也就变得毫无意义。现在社会一部分青少年浑浑噩噩，没有人生理想；也有一些青少年对于人生有过于远大的理想，导致理想脱离现实。在这种情况下，理想对于他们的成长并不能起到积极的指导作用，也就注定了他们无法从理想上得到有力的指引和源源不断的力量。男孩要学会以智慧分解理想，让理想与现实相结合，切实指导自身不断地前进和努力。

思雨在学习方面一直保持在中等水平，很难取得进步。因此，在进入初中之后，妈妈和思雨进行了深入的交流，希望思雨能够变得更加努力上进，从而在三年的初中时期提升自我，取得蜕变，考取重点高中。对于这次沟通，思雨也深有感触，他意识到自己必须考入重点高中才能够有更大的机会考取名牌大学，才会有更美好的人生。为此，他为自己制定了一个远大的目标，那就是考上本市重点高中。妈妈当然是全力支持思雨的目标的，但是妈妈却忽略了一个问题，那就是思雨现在的成绩与重点高中的录取分数线的差距不是一星半点。妈妈并没有告诉思雨如何才能去实现目标，就这样，思雨一个人跌跌撞撞地开始了努力的行程。

由于目标定得过于高远，在第一次月考的时候，思雨就受到了严重的打击。思雨的水平原本处于班级里的中上水平，当然那是在小学阶段，如今进入初中阶段，班级里有很多出类拔萃的学生，因此思雨在第一次月考之中取得了班级倒数第十的成绩。对于这个成绩，思雨简直失望透顶，他无法承受这样的打击，精神变得很颓废。妈妈这才意识到思雨的目标定得太过高远，为此她当即引导思雨调整目标。妈妈告诉思雨："罗马不是一天建成的，胖子不是一口吃成的，要想进步我们就要脚踏实地。我觉得应把考上重点高中作为三年的中期目标，然后要制定每一次的短期目标。例如，以月为单位，在这次月考中我们考取了倒数第十的成绩，这的确不够理想，那么在下次月考中我们如何才能让成绩进步五个名次呢？这就是我们需要认真研究的问题。"接下来的时间里，妈妈和思雨分析了试卷上的题目，也分析了思雨在学习方面的具体情况，再和思雨一起努力。渐渐地，思雨学会了查漏补缺。为了让思雨学习更加轻松，妈妈还为思雨聘请了专门的家教老师，帮助思雨巩固新学习的知识。就这样双管齐下，在第二次月考中，思雨的成绩居然上升了十个名次。看到自己取得了这么好的成绩，思雨沾沾自喜，妈妈趁机告诉思雨："思雨，不要骄傲，因为进步的路程还很遥远呢！我们的目标是考上重点高中，你可一定要咬紧牙关继续努力，再接再厉，我们才能距离目标越来越近。"

对于男孩来说，过于远大的目标会让他们陷入努力的困境，如果他们已经非常努力，却距离目标越来越远，他们必然会感到颓废沮丧。因此父母应该引导男孩把长期目标分解为短期目标，这样男孩才能循序渐进地进步，才能在坚持的过程中有所收获，得到激励和力量。

罗马不是一天建成的，胖子也不是一口吃成的，每个人要想做成一件事情，就要持之以恒地努力，坚持不懈地奋斗，如此才能距离目标越来越近。否则，如果因浅尝辄止，未见成效而一蹶不振、灰心丧气，这个人则无论如何也不可能获得成功。

◆ 爸妈有话说：

孩子，也许你现在不够优秀，但是不要总是跟其他优秀的同学比较而是要和自己作比较。只要每天都比前一天进步一点点，每天都能看到自己的改变，这就足够了。所谓千里之行，始于足下，质的飞跃也是要从当下开始的。

## 你的学习，也要按计划执行

"凡事预则立，不预则废"这句话告诉我们，不管做什么事情都应该有计划，这样才能够取得良好的结果。学习是青春期男孩的主要任务。学习计划能够帮助男孩厘清学习任务，提升学习效率，从而让男孩能够在学习的时候分清众多学习任务的轻重主次，做到有序地解决问题。特别是在进入初中阶段之后，面对学习任务一下子从轻松到繁重的转变，孩子常常会为此而感到苦恼，甚至手足无措。在这种情况下，父母要引导孩子制订计划，再根据计划按部就班地完成学习任务，这样一来不仅整个过程非常顺畅，其内部也会处于一种有序状态。尤其男孩做事情的时候往往缺乏秩序性和条理性，因此更应该学习制订计划。这样才能够让学习变得更加有效率，并取得事半功倍的效果。此外，制订学习计划还有助于男孩节省时间，从而提升每一分每一秒的利用率，让学习效率成倍地增长。对于男孩的学习而言，这是至关重要的。

在日常生活中，父母要有意识地培养男孩的秩序性和条理性。很多父母总是为男孩安排好生活的一切，这样一来，男孩无须为各种事情烦忧，所以他们在处理各种事情的时候总是非常随意，也丝毫不担心如果不能圆满地处理问题将会引起怎样的后果。为了让男孩学会对自己的生活负责，父母不要总是对男孩寸步不离，而要及时地对男孩放手。要记住，没有人不经历坎坷挫折就能成长，也许男孩一开始做的某些事情并不能让人满意，但是随着锻炼次数的增多，他们一定会做得越来越好。当自身的能力和水平得以提升，未来在学习过程中，男孩当然会有好的表现。

在整个小学阶段，思雨的学习都处于混乱的状态。因为考虑到小学的课程并没有那么大的难度，爸爸妈妈也从来没有过多干涉思雨的学习。但是自从进入初中之后，爸爸妈妈发现思雨连按时完成作业都很难。这是因为每天放学之后都有大量的作业需要完成，思雨在小学阶段却养成了回家先休息吃东西，然后才慢慢吞吞开始写作业的坏习惯。有的时候，明明已经放学回家一个多小时了，思雨却仍没有开始写作业。为此爸爸妈妈感到焦心如焚，也因为催促思雨写作业好几次与思雨发生争执和冲突。后来，妈妈意识到不能让思雨的整个初中阶段都这样在催促中度过，为此她和思雨约法三章，要求思雨根据自身的情况制订详细的计划并根据计划按部就班地开展学习。

当思雨把制订好的学习计划给妈妈过目时，妈妈发现思雨的学习计划并不科学合理，也并没有与学校课程的安排紧密结合。为此，妈妈告诉思雨制订计划应该注意的事情，在妈妈的提醒下，思雨修改的计划变得更符合思雨的实际情况。妈妈对思雨说："这个计划可以先试行，如果发现有不合理的地方，我们在短期内还可以进行调整。总而言之，计划是为学习服务，而不是束缚学习的，你要一切都以提升学习效率为准。"

男孩制订学习计划首先要根据学校的课程安排进行。因为完成课后作业不仅能配合学校课程的学习，还有巩固所学知识的功能，所以男孩制订的计划要以学校课程为准。其次，制订的计划一定要详细而具体。很多孩子制订的计划显得很空洞，在执行的时候也没有起到有效指导的作用。计划一定要详细具体才能够督促男孩提升学习的效率，让男孩在规定的时间内完成相应课程的作业。这样一来，男孩各方面能力才会不断得以提升。再次，制订的计划一定要符合自身的实际情况。不可否认的是，每个男孩在学习方面的天赋都是不同的，他们完成作业的速度也各不相同。因此，在制订学习计划的时候，男孩要根据自己写作业的速度制订计划，而不要以他人作为标杆来为自己制订不切实际的计划。否则，再好的计划如果得不到实行，就只能成为镜中花、水中月，毫无作用可言。

计划一定要有可以调整的空间。如果制订计划的时候，男孩把每一个步骤的时间安排都精确到分秒，那么当发生意外的事情需要处理时，男孩就没有机会去调整。所以男孩在制订计划的时候，既要本着节省时间的原则争分夺秒，也要本着便于调整的原则给计划留有一定的弹性时间。唯有如此，在发生意外情况的时候，男孩才可以有机会适当地调整计划，才可以让计划变得更加合理，具有可执行性。最后一点也是最重要的一点，行动力才是计划起效的决定因素。也就是说一切的计划，不管是完美还是有瑕疵，如果不能够真正付诸实际行动，就无法达到切实的效果。因此男孩在制订计划之后必须严格按照计划去安排自己的生活和学习，这样一来计划才是有意义的，男孩的成长才能因为计划而变得秩序井然。

◆ **爸妈有话说：**

孩子，当你煞费苦心地为自己制订计划之后，一定不要将其束之高阁，让它的上面落满灰尘，这样它就没有丝毫的意义。再好的计划也必须付出行动才能对我们的生活、学习真正起到指导作用，否则这样的计划就是没有作用的。当然，这需要你具有极强的毅力和自制力。你要相信，当你习惯于有秩序地安排生活和学习时，你会喜欢上这种秩序井然、效率倍增的感觉。这样遵守计划的好习惯不但对你的学习有积极的作用，将来对于你的生活、工作和成长都会起到极大的推动作用。

# 第 06 章
## 青春期情窦初开，男孩不要摘早恋这朵带刺的玫瑰

早恋就像一朵带刺的玫瑰，散发出诱人的芬芳，却又长满了尖锐的刺。受到玫瑰的吸引，青春期男孩总是无法自制地去触摸玫瑰，也常常会被玫瑰上长满的刺深深地刺伤。这是为什么呢？正如人们常说的，爱情是造物主赐给人类最美好的礼物，很多青春期的男孩身心发育都不够成熟，他们因为性意识的觉醒和懵懂的冲动而对异性充满好感，但是他们并不真正深刻地理解爱情，因此会在爱情上走入歧途。爱是远远的观赏而非过早的靠近。青春期男孩应该把握好自己的感情，把对异性的好感转化为积极向上的动力。这样才能给自己的成长带来积极的影响。

## 见到女孩就脸红心跳怎么办

在青春期对女孩产生好感的时候，有的男孩会选择向女孩表白；有的男孩则会故意捉弄女孩；还有的男孩因非常内向一看到自己喜欢的女孩就脸红心跳，无法流利地表达自己。

男孩进入青春期后性意识开始觉醒，他们意识到男生和女生是完全不同的，因此他们对异性产生了非常强烈的好奇心。他们很想探索女孩的秘密，但是又不好意思直接询问女孩关于女性的一些事情，这使他们内心会发生神奇的反应，感到非常紧张。在这种心理状态之下见到女孩的时候他们就会如同条件反射一般面红心跳，而且完全无法控制自己的身心反应。

其实男孩感到害羞与他们想要掩饰自己内心真实的想法有一定的关系。很多男孩守着自己内心深处的秘密，不愿意让任何人知道，哪怕是他们喜欢的女孩，也最好不要知道他们内心真实的想法，为此他们才会非常害羞。当然，这样的生理反应是完全正常的，男孩无须感到紧张局促，而要做到坦然面对。那么男孩如何才能减轻自身的反应与女孩大方交往呢？

陈佩是一个非常害羞腼腆的男孩。和他的好友刘军不同，他不会捉弄自己喜欢的女孩来引起女孩的注意。见到喜欢的女孩时，他总是面红耳赤，甚至无法说出一句完整的话来，总是匆匆忙忙就逃开了。对于陈佩这样的表现，刘军很着急，他不止一次地询问陈佩："为何你不能大胆地表白自己呢？或者像我那样逗弄喜欢的女孩也可以给她留下印象呀！"陈佩不以为然地对刘军说："我可不像你，你看看你喜欢的女孩儿都被你气走了，这下子她可不坐在你的前面了。我只想默默地喜欢她。"

班级里组织活动，正好老师点名让陈佩和他喜欢的女孩一起当主持人。听

## 第 06 章
### 青春期情窦初开，男孩不要摘早恋这朵带刺的玫瑰

到这样的好消息，陈佩非但没有欣喜若狂，反而还吓得赶紧去找老师推辞这个别人想要也得不到的好事。老师很纳闷地问："这可是一个锻炼的好机会啊，你平时不是很喜欢当主持人也很愿意当众讲话吗？"陈佩磕磕巴巴地对老师说："现在我可能不太喜欢出风头了。"老师说："这可不是出风头呀！这是锻炼的机会，你要是错过了这个机会，也许下次就再没有这样的好机会了。"陈佩斩钉截铁地对老师说："反正我不想去当主持人，您还是找别人吧。"得知这件事，刘军气得够呛，大骂陈佩是一个胆小鬼。陈佩对此并没有加以辩解，他告诉刘军："我也不知道是怎么了，每次只要一看到她，我就心跳加速，一句话都说不出来。这要是让我和她一起上台去主持节目，我可不得丢人吗？"

陈佩这是怎么了，为何平日里落落大方，现在却不能和自己心爱的女孩一起相处呢？其实，这是因为陈佩害怕别人觉察到他内心的想法，也是因为他非常喜欢这个女孩，因而在见到女孩的时候，就会情不自禁地产生生理或者心理反应。

首先，要想与心爱的女孩友好相处，男孩应该把女孩当成正常的同学去对待。哪怕面对自己喜欢的女孩，初中生也不应与对方真正地谈恋爱，而要将其当作普通的同学。所以男孩只有摆正位置才可以与女孩正常交往。其次，男孩看到女孩就脸红心跳，说明男孩过于羞怯。对此，男孩可以与更多女孩在一起相处，这样一来就让自己对于异性有了免疫力，再次看到喜欢的女孩的时候自然就不会再有这么强烈的反应。最后，男孩应该多多参加集体活动。因为集体活动中都是既有男孩又有女孩的，这样男孩就可以找机会学习如何与异性相处，这对于增强男孩与异性相处的能力是很有好处的。总而言之，男孩儿要想对异性增强免疫力就不要总是逃避异性，反而要迎难而上，坦荡地与异性交往。

◆ 爸妈有话说：

男孩看到异性面红耳赤是很正常的。想要改善自己害羞的情况你可以与更多的异性相处，也可以多参加集体活动。这样一来，你就能够对异性产生免疫力，并真正把异性当成是好朋友去对待。当然，虽然要把异性当成同性朋友坦荡对待，你也要注意在异性面前言行举止还是应该有所收敛，毕竟女孩的心思很细腻，感情也很敏感，你要照顾到女孩的情绪和感受。

## 竟然有女孩给我写情书，如何是好

在青春期，很多男孩会收到女孩的情书或者是传情达意的小纸条。有的男孩在看到这些情书或者小纸条的时候会如同拿到烫手的山芋一样，不知道该怎么处理才好；有的男孩子会洋洋得意，因为有人喜欢自己总归是一件好事情；还有的男孩心智发育不够成熟，会把这件事情公布开来，这会导致女孩非常被动和害羞，使原本可以变成好朋友的两个人反目成仇，彼此怨恨。

收到女孩的情书之后，在决定如何处理之前男孩要先考虑很多问题。首先要确定自己眼下最主要任务是好好学习，这样才能令自己的成长变得更加充实；其次，要知道青春期男孩与女孩之间的早恋并不是真正的爱情，而只是彼此的相互喜欢。这样的情感如果被转化为男孩和女孩之间的相互鼓励和支持是有利于他们的成长的。在确定这两个基本原则之后，男孩儿就可以找出合理的方式应对女孩的表白。

一定要注意的是，最糟糕的处理方法就是不尊重女孩、无视女孩，还把女孩的表白公之于众。这样会让女孩的内心受到伤害，也会导致女孩不知道如何继续面对男孩。由此，本来可以成为好朋友的两个人就会变得彼此仇视，这当然不是最好的结局。男孩要委婉隐晦地拒绝女孩的表白，因为女孩的自尊心很强，感情也很敏感细腻，如果男孩直截了当地拒绝女孩而且不讲究方式方法，伤害了女孩的自尊心，女孩就会非常伤心。在做好这件事情之后，男孩才可以和什么事儿都没有发生一样继续与女孩做好朋友，把彼此的好感变成友谊，从而给彼此在学校里的学习生活增添色彩。

当然，有的男孩之所以会收到女孩的表白，也许是因为他们在与女孩交往的时候没有把握合适的度，给了女孩一定的误会和不存在的希望，所以女孩才会误以为男孩喜欢她，进而采取主动的方式表白。在这种情况下，男孩要反思自己的行为举止有何不当之处，从而在拒绝女孩之后有效地改善自己的行为，避免再令女孩产生误会。

陈佩一直都没有向喜欢的女孩表白，反而还收到了另外一个女孩的情书，这让陈佩感到不知所措。

一个下午，陈佩正在学校里打扫卫生。一个女孩把借的书还给陈佩，脸上一片绯红。陈佩心里还很纳闷：只是还一本书给我，至于害羞成这样吗？女孩把书还给陈佩之后就赶紧离开了。陈佩直到回到家里收拾书柜的时候才把这本书拿出来。正当这时，书中掉出一封信来，陈佩的心怦怦直跳。他赶紧拆开信来看，看到女孩在信上写了很多让他感到紧张的话。他一下子乱了方寸，不知道该如何回复女孩。晚上，爸爸下班回到家里，陈佩赶紧向爸爸求助："爸爸，你收到过女孩的求爱信吗？我应该如何回复呢？"陈佩把信给爸爸看，爸爸看了之后笑起来："这封信写得很好呀，感情很真挚。你想好怎么处理了吗？"陈佩摇摇头。爸爸说，"你要知道喜欢一个人不是错，而是人家的权利，但是是否接受这份喜爱则是你可以决定的，你也喜欢她吗？"陈佩又摇摇头。爸爸说："那么就当好朋友吧，你可以给她回一封信再隐秘地交给她。你在信里可以告诉她，她很优秀，但是你想以学习为重，这样一来她就能理解你的意思，也不至于伤害她的面子。"陈佩觉得爸爸说得很有道理，当即提笔给女孩儿写了一封回信。次日去了学校，陈佩私底下把这封信交给女孩。之后，女孩一连几天看到陈佩都很不好意思，但是在陈佩依然落落大方和她做朋友的情况下，她渐渐地也调整好心态，和陈佩成了好朋友。

青春期的喜爱总是让男孩、女孩的心里都如同揣着小鹿一般怦怦乱跳。遇到并不能令自己心动的女孩写来的求爱信，男孩一定要采取合适的方式拒绝女孩，尤其需要注意保护好女孩的颜面和自尊，唯有如此才能圆满地处理问题。

青春期男孩虽然自以为已经了解了爱情，但实际上他们对于什么是真正的爱情根本不了解。如果不想过早地涉及感情，男孩就应有效地拒绝女孩，这样也可以让自己在成长的过程中更加快乐。

◆ 爸妈有话说：

孩子，喜欢一个人不是错误，不管你是喜欢上了某个女孩还是某个女孩喜欢上了你，你们的感情都是真挚的。我们既要尊重自己，也要尊重他人。如果收到了女孩的求爱信，你一定要理性慎重地对待，采取合适的方式去拒绝女孩。记住，切勿肆无忌惮地大肆宣扬，以免伤害女孩的心，也让同学之间的关系变得非常尴尬。

## 妈妈，我好像喜欢上了一个女孩

很多时候，是否喜欢一个人往往很难轻松地由主观决定。尤其是那些正处于青春期的男孩，他们的心智发育不够成熟，人生经验不够丰富，当然也缺乏对于感情的深刻理解，更缺乏自控力，为此他们常常陷入感情的被动状态无法自拔。

当相思如同野草疯长时，男孩又该怎么做呢？

拒绝女孩之后，陈佩陷入了相思之苦中。他原本喜欢的那个女孩非常优秀，现在她成为了陈佩的同桌，为此陈佩对她更加关注。每天他都会认真地给女孩擦桌子，有的时候还会给女孩带一份早饭。对于陈佩的表现，女孩只说他是中国好同桌而丝毫没有领会到陈佩的苦心。为此，陈佩感到很无奈，却不敢表达自己。

和其他同学都盼望着周末不同，陈佩最讨厌周末，因为每到周末，他就看不到喜欢的女孩了。他喜欢周一到周五每天从早到晚都可以和女孩坐在一起学习。因为有女孩的陪伴，他在学习上更加动力十足，从来也不叫苦，更不叫累，学习成绩居然得到大幅度提升。看到陈佩这样的表现，爸爸妈妈都很欣慰，当然，爸爸妈妈不知道陈佩的心思。每当夜晚来临的时候，陈佩辗转反侧、不能入睡。对于他来说，相思如同野草一般疯长，他根本无法忍受漫长的夜晚里看不到女孩的痛苦。为此陈佩提出周末要去学校里上课、做作业，他还邀请女孩和他一起组成互助小组。就这样，陈佩周末也常常往学校跑，这让父母觉察出一些异常。但是爸爸妈妈看到陈佩学习和生活都很正常，就决定不去戳穿陈佩的小心思，他们更愿意陈佩在享受爱情的同时也坚持努力和进步。

青春期男孩从此前对女孩的敬而远之，到后来对女孩产生兴趣，以此激励自己。不管这样的喜爱是两情相悦还是一厢情愿，对于男孩而言都是非常难得和可贵的。男孩很渴望能够与女孩相处，也非常愿意与女孩一起携手并肩，相互帮助，但是他们正处于特殊的青春期，虽然心中开始萌动性意识，也开始对爱情悸动，但是他们并不真正懂得爱情。对于男孩来说，当他开始暗恋和单相思一个女孩的时候，思念让他们感到非常痛苦，实际上这正是青春期男孩情窦初开表现出来的正常表现。

对青春期的感情处理，男孩一定要把握好以下几个原则。首先，不要轻易地把自己的爱意对女孩表达出来。因为如果不表达，彼此还可以自然地相处；而一旦表达被拒绝，彼此甚至连朋友都做不成。其次，为了控制内心的情感，青春期男孩要尽量减少与女孩的私下接触，这样才能够避免冲动的性行为。这不仅是为了保护女孩，也是对自己负责。再者，在与女孩相处的时候男孩尽量要选择公开公众的场合，最好在他人的陪伴下，这样男孩才有更强的自我约束力，从而避免对女孩做出不恰当的举动。此外，男孩还可以多结交几个异性的朋友，因为与更多的异性相处渐渐地就会冲淡男孩对于某一个异性的特别喜爱。最后，男孩可以采取转移注意力的方式发泄多余的精力，让自己减少胡思乱想。

相思就像疯长的野草在男孩心中肆意蔓延，男孩一定要保持理性和冷静才能够以合理的方式控制自己对于女孩的思念和好感。最好的爱情一定发生在最美好的年纪，对于青春期男孩而言，此时品尝爱情显然为时尚早，男孩只有不断努力地进取，积极地提升自我，未来才有资格拥有最美好的爱情。

◆ 爸妈有话说：

在青春期，或许，相思会像野草一样在你的心中肆意蔓延。作为男孩，你一定要保持理性和冷静，这样才能够以合理的方式控制自己对于女孩的思念和好感。最好的爱情一定发生在最美好的年纪，对于正处于青春期的你而言，此时品尝爱情显然为时尚早。现在的你只有不断努力地争取，积极地提升自我，才能在未来拥有最美好的爱情。

## 坦然走出失恋的阴影

青春期男孩如果已经向喜欢的女孩表明心意，也要做好承受失恋打击的准备，因为他们也许无法如愿以偿地打动女孩的心，也因为青春期的爱情本来就是扑朔迷离的。当遭遇失恋困扰的时候，很多男孩会一蹶不振。其实人生是漫长的，谁也不能保证自己此刻遇到的人就是一生之中对的人。也许在未来还有更加优秀的女孩等着男孩呢，这可说不定！所以，如何摆脱失恋的困扰才是男孩必须面对的问题，也是需要男孩鼓起勇气去承担的事情。

好不容易鼓起勇气向心爱的女孩表白却失败后，陈佩陷入了失恋的困扰之中，原来那个女孩早就已经心有所属，她压根不喜欢陈佩这种类型的。为此陈佩感到非常苦恼，在学习上曾经充满干劲的他如今总是感到很颓废沮丧。曾经，他盼望着每时每刻都能看到女孩，现在他只想逃避，再也不想见到女孩。然而，因为他们是同桌，他每天都要见到女孩，为此上课的时候他也总是心神不宁。

在这样的情况下，爸爸妈妈觉察到了陈佩的异常。妈妈特意让爸爸和陈佩沟通，了解陈佩的情况，然而陈佩不愿意对爸爸说出他的心思。但是，作为过来人的爸爸当然知道陈佩到底是怎么回事，因此在爸爸耐心的引导下，陈佩最终说出了自己的感觉。爸爸语重心长地对陈佩说："孩子，你还小，还不知道真正的爱情是什么。也许你现在觉得自己是真爱一个人，但是随着时间的流逝，你最终会知道爱情绝不像你想象中那么简单。这就是很多初中生谈恋爱总是无疾而终的原因，其实不光是初中生，包括高中生谈恋爱都很难长久。因此你现在要做的是努力提升自己，而不要急于寻求爱情。你要相信，当你足够优秀的时候，最美的爱情一定会来敲开你的心扉。"

虽然陈佩还不太理解爸爸的意思，但是他很清楚爸爸说的是对的，为此他告诉爸爸："我会努力控制自己的，我会认真地学习，我要让自己变得更加优秀。"经过一段时间的调整之后，陈佩终于从失恋的阴影中走出来，如今的他阳光开朗，也依然希望在最美的年纪遇到最好的爱情。

别说对于心理脆弱的青春期少年而言，就算是对于成人来说，失恋的痛苦也是很难承受的。尽管在成人眼中青少年的恋爱算不上真正的恋爱，但是在青少年的心目中，他们会认为自己是真正的恋爱，也会觉得自己的爱情刻骨铭心。因此一旦渴望的爱情消失，他们就会陷入痛苦之中，或者一蹶不振，心灰意冷，甚至对于所爱的女孩因爱生恨、故意报复。不得不说，这样的爱是扭曲的，也是非常幼稚且不成熟的。

面对失恋的苦闷，青春期男孩一定要保持内心的冷静。要知道，爱是两情相悦的事情，而不是一方强烈地去爱就可以实现的，因此青春期男孩要更加理性地对待恋爱，也要勇敢地承受失恋的痛苦。

失恋的时候，青春期男孩可以积极地向父母倾诉，也可以向好朋友倾诉，这样可以排解压抑在心底的消极情绪，从而减少心理疾病的发生。很多男孩之所以在失恋之后做出报复行为，就是因为内心失去平衡。其实如果能够找到方法让内心保持平衡，他们就不会对对方由爱生恨。

当觉得生活枯燥乏味的时候，青春期男孩不如主动转移自己的注意力，让自己做更多有趣的事情，这样既可以打发时间、消耗精力，也可以让自己在成长的道路上更加顺遂如意。当然，正如事例中陈佩的爸爸所说的，男孩只有足够优秀才能等来最美好的爱情。所以男孩也可以化悲痛为力量，把失恋的痛苦转化为学习的动力，让自己努力前进。这样一来，当男孩足够优秀的时候，他自然会赢得女孩的芳心。

◆ 爸妈有话说：

每个人都有属于自己的爱情，你的爱情也许出现得太早，因此，我们不必惋惜它的离去。要知道，你只有在最美好的年纪里才能拥有最美好的爱情。坦然接受失恋才能让自己的内心不断地成长，让自己更加成熟。

## 我有个女性朋友

很多人讨论过"男性和女性之间是否有纯粹的友谊"这个问题，但至今都未得出确切的答案。这是因为感情是非常微妙的，有的时候友谊和爱情之间只有很细微的区别。所以只有当事人知道彼此之间的感情是怎样的，旁观者则很容易对这段感情产生误解。

青春期男孩正处于对异性感兴趣的特殊阶段。很多青少年都喜欢与异性相处，这让他们感到非常欣喜。实际上，从心理学的角度来说，异性之间的相处对于青春期孩子的成长非常有益，但是因为青春期阶段孩子的心意正在萌芽，所以青春期异性之间的交往还是要把握好度，以避免孩子们把友情与爱情相混淆，也避免因此给他人留下话柄。

本质上，青春期异性之间产生的感情大多数都是美好的友谊。他们对彼此有好感，也常常因此而走得更加亲近，但是这与真正的爱情相差甚远。很多青春期男孩对于感情的理解都相对浅薄，因此他们无法深刻地理解友谊和爱情，也无法准确地将二者区分清楚。如何界定彼此之间的感情对于青春期交往的异性来说是很重要的，尤其是男孩一定要区分清楚自己与异性的情谊。很多男孩误以为异性对自己有好感，实际上他们只是被当作好朋友而已，因此在处理异性的关系时，男孩要更加理性，这样才能保证友谊地久天长。

小风和薇薇两家住在同一个院子里，父母都是同事，因此他们是一起长大的。进入中学之后，他们恰巧分在同一个班级，又正好坐在同桌，彼此之间就更加亲近起来。

在春游时，小风一直和薇薇走在一起。春游即将结束的时候，薇薇突然发现发卡丢了。小风赶紧原路返回顺着道路四处寻找，最终在路边的草丛里找到了薇薇的发卡。他兴奋地拿着发卡回来，看到这一幕的同学忍不住起哄："这对小情侣的关系可真是好啊！"听到这样的话，小风和薇薇都忍不住脸红起来。从那天后，薇薇就故意疏远小风，再也不愿意和小风一起上学放学，还特意找到老师把她和小风的座位调开。

原本两小无猜的两人就这样在他人的肆意评价之中变得生疏起来，不得不说，这对小风和薇薇而言是很大的遗憾。其实，与同龄异性相处对于青春期男孩的成长是有很大好处的。这是因为大多数男孩都粗心马虎、性格急躁，而女孩的温柔细心恰好与男孩的性格形成了互补。如果男孩经常与女孩相处，男孩就可以吸取女孩身上的优点，从而让彼此都获得成长和进步。

需要注意的是，友谊和爱情是截然不同的，友谊可以共享，爱情却具有明确的排他性。对于小风和薇薇而言，他们当然知道彼此的感情是怎么样的，但是同学们的评价让他们有所顾忌。其实，他们无须完全按照同学们说的去调整彼此的相处模式，毕竟他们才是友谊的拥有者，而不是其他任何人。

古人云："人生得一知己足矣。"实际上对于现代社会的青少年而言，大部分人都是独生子女，在各自的家庭里孤独地成长，如果能够相互理解和尊重，彼此之间建立深厚的友谊，实在是人生的一大幸事。所以哪怕你与异性友谊受到了他人的误解，只要自己的心里是坦荡的，就不要有所畏惧。

◆ 爸妈有话说：

谁说交朋友就一定要交同性的朋友？与异性的朋友交往反而可以起到性格互补的作用，能够更好地配合完成学习上的重要任务。所以即使你真的结交了异性朋友，只要你知道你们彼此之间是纯粹的友谊，爸妈就会支持你。

# 第07章
## 男孩树立正确的金钱观,珍惜每一份来之不易的金钱

对于青春期男孩来说,他们还不懂得挣钱,更不能在经济上实现独立,所以他们还需要依靠父母来生存。即便如此,男孩也一定要学会合理消费和正确理财。很多父母重视培养孩子的情商、智商,却忽略了孩子的财商。事实上,父母应当把理财作为孩子青春期课程的必修课,唯有如此,孩子才能够懂得珍惜父母辛辛苦苦挣来的每一分钱,才知道感恩父母。

## 男孩不可大手大脚，要学会储蓄

现代社会，很多家庭里都只有一个孩子，因此父母总是尽自己所能给孩子提供最好的生活资源和环境。在这样的骄纵和宠溺下，孩子渐渐地形成了以自我为中心的观念。他们总是衣来伸手、饭来张口，从来不为生活感到烦恼，却不知道他们享受的生活条件都是父母辛苦努力挣来的。他们不仅缺少对父母辛苦付出的感恩之心，而且对于金钱丝毫没有概念和意识，常常肆无忌惮地挥霍零花钱，然后等到囊中空空的时候再向父母索取。很多父母因为孩子不懂得珍惜金钱而感到烦恼，却不知道孩子之所以出现这样的情况，主要是因为父母在孩子小时候没有有意识地引导孩子学会珍惜金钱，更没有培养孩子的财商。

对于青春期的孩子而言，无条理的挥霍并不能创造价值，还会让自己失去理财的基础——金钱。相比起挥霍金钱，男孩如果能够把钱存起来，不仅可以让自己拥有一笔小小的款项，而且在需要的时候，自己可以通过合理的消费发挥金钱最大的价值。比如，男孩可以在父母过生日的时候，给父母送一份别出心裁的礼物，从而让父母感到惊喜；还可以利用存下来的钱参加很多社会公益活动，从而帮助到其他人。总而言之，和胡乱花钱相比，把钱存起来好处多多。

父母可以引导孩子养成储蓄的习惯来培养孩子的理财能力。除了每年春节时数额可观的压岁钱之外，青少年在日常生活中还有一些零花钱。只要青少年将这些钱存起来，日积月累，他们就能收获一笔可观的财富。在这样的过程中，青少年就有了理财的基础。父母想要促进青少年理财观念的形成还可以为青少年开设银行储蓄账户。这样一来青少年在留下日常生活所需的零花钱后可以把其他的钱都存到银行里，等到把钱积攒到一定数量的时候，甚至可以让父母代为购买理财产品。在这样循序渐进的引导中，青少年渐渐地就会形成正确的理财观念，也会因为储蓄而让自己在财务上实现相对的自由。

每年过春节，乐乐都可以从爸爸妈妈、爷爷奶奶、姥姥姥爷那里得到一笔压岁钱。每次拿到压岁钱，乐乐都会高兴地去买心仪的礼物，有的时候还会在网上充值打游戏。这样随着时间的流逝，乐乐手里没有任何积蓄。有一次，遇到同班同学过生日，乐乐想给同学送一份像样的礼物，就不得不张嘴向爸爸妈妈要钱。妈妈很纳闷地说："你不是有很多钱吗？"乐乐很惊讶地说："我没有钱呀！"妈妈说："你每年的压岁钱呢？还有爷爷奶奶每个月固定给你的一百元零花钱，你的钱都花到哪里去了呢？"乐乐想了想：我的确没有做什么了不起的大事情呀，也没有购买比较贵的东西，那么这些钱都去哪里了呢？思来想去，乐乐压根不知道这些钱的去向。

为了让乐乐意识到储蓄的重要性，妈妈没有给乐乐额外的钱购买礼物，而是为乐乐预支了下一个月的零花钱。这样一来，乐乐在给同学买礼物之后根本没有零花钱可以支配。在一整个月的时间里，他都感到很难受，因为他必须控制自己不买任何东西。正是这次教训让乐乐意识到储蓄的重要性。在有零花钱的时候，他再也不会胡乱花掉，尤其是在春节的时候，他主动把大额的压岁钱都存起来。为了支持乐乐，妈妈给乐乐办了一张银行卡，还给乐乐买了一个专门用于储存硬币的大金猪。就这样，乐乐变成了一个有存款的人。在妈妈过生日的时候，他甚至花费三百元钱给妈妈买了一套基础的护肤品，这给了妈妈莫大的惊喜。享受到自由支配金钱的快乐之后，乐乐更加认识到储蓄金钱的重要性，从此之后他养成了良好的储蓄习惯，这个好习惯想必会伴随他一生。

人们常说金钱不是万能的，但是没有钱却是万万不能的。尤其是在现代社会，凡事都需要钱，很多时候没有钱就寸步难行。对于青少年来说，虽然有父母为他们提供衣食住行，但是他们难免会因为人际交往的拓展而有需要花钱的时候。如果遇到需要花钱的时候再向父母要，他们就会显得很被动。假如青少年能够在日常生活中有意识地储蓄金钱，让自己有小小的储备金，那么当青少年想要按照自己的心意去做很多事情的时候，他们就可以拿出这笔储备金，从而真正享受到财务自由。

父母要引导孩子进行合理的储蓄，然后再让孩子进行简单的理财。很多父母都以为孩子还小，觉得不用引导孩子进行理财。其实不然，理财观念和情商智商一样，都需要从小培养。如果孩子小时候就养成了大手大脚花钱的习惯，长大之后怎么可能成为金钱的主人呢？

◆ 爸妈有话说：

孩子，你现在已经有了一定数量的可以供自己支配的金钱，因此，你要学会合理消费，有计划地储蓄和理财。只有成为金钱的主人，金钱才能更好地为你服务，反之，如果成为金钱的奴隶，你也许一生都会觉得自己很穷困。

## 我什么时候才能有一台自己的手机

随着现代社会生活水平的不断提高，手机作为一种通讯工具已经越来越普及，有的家庭里人手一部手机，有的家庭成员还有两三部手机之多。受这种趋势的影响，很多青春期的孩子也渴望拥有手机，甚至有一部分青春期的孩子已经拥有了手机。特别是男孩，他们更喜欢手机，因为手机可以方便与同学的联系，还可以用来下载各种游戏，但是父母却为此感到非常困扰。青春期男孩正处于学习的关键时期，父母很担心男孩有了手机之后会影响他们的学习。可架不住男孩的软磨硬泡，父母又觉得如果不给男孩配备手机会让男孩不开心或者在朋友之间觉得低人一等。在这种进退两难的情况下，父母应该如何选择呢？

作为一种通信工具，手机给人的生活带来了便利和快捷是毋庸置疑的。例如，原本人们之间需要很长的时间才能完成信息互通；有了手机之后，人们只要拨出电话，也许一分钟之内就能把想说的话说完了。这是效率的急速提升，对于生活的影响也是非常大的。但是青春期男孩如果不能控制好自己，在拥有手机之后没有让手机起到该有的作用，反而对学习和生活起到负面的影响，那么手机就是弊大于利。所以是否给男孩买手机，父母主要要斟酌男孩的自制力，考虑到手机给男孩带来的是生活与学习的便利还是会对生活与学习起到负面的影响。在确定这个问题的答案之后，父母才能决定是否给男孩买手机。

不可否认的是，青春期男孩的自制力有限。也许他们最初计划的有手机的生活是非常节制的，计划只把手机作为通信工具使用，而不会随便地玩手机。但是和简单枯燥的课程相比，手机无疑更有吸引力，所以很多男孩在有了手机之后，即使曾经信誓旦旦地说不会被手机影响，也会在不知不觉之中把更多的时间和精力浪费在手机上。如果他们没有把手机调成静音的模式导致手机在课堂上突然响起，老师的教学秩序也会被干扰，同学们听课的思维也会被打乱。有些男孩在学习上占据劣势，为了作弊他们还会用手机来发信息询问同学答案。这样的男孩最好不要拥有手机，因为他们无法有效地控制和管理自己，也会导致自己因为手机而惹上很多的麻烦。

从健康的角度来说，手机是电子产品，辐射在所难免。曾经有专家指出儿童在使用手机的过程中会吸收更多的辐射，这是因为孩子的头骨造型与成人不同，所以手机辐射会对孩子产生更严重的伤害和影响，导致儿童出现头昏、头痛、记忆力下降的情况。此外，长期使用电子产品对孩子最大的伤害在于导致孩子近视，甚至是近视程度的不断加深。还有些孩子在用手机玩游戏或者与朋友聊天的过程中患上了拇指肌腱炎，这都是他们过度使用手机导致的。

在校园里青春期男孩追求名牌，相互攀比。自从有了手机之后，他们最大的攀比就变成了手机的攀比。每个人都希望拥有最新款的手机，可以拿到同学面前表现出自己的优势，为此，他们总是不停地争先购买最新款的手机，也为此而向父母索要更多的金钱。不得不说，这给家庭的经济情况带来了严重的负担。甚至有一位初中生家长说，他的孩子每个月都要花几百元的电话费。由此不难看出，孩子是非常依赖手机的。其实对于青春期的孩子而言，他们与同学朝夕相处，很多事情都可以当面来讲，根本没有必要使用手机。除此之外，还有的孩子利用手机在课堂上偷偷摸摸地玩游戏，这样必然会使孩子的学习成绩一落千丈。总而言之，青春期男孩要戒骄戒躁，怀着一颗踏踏实实的心，把时间和精力更多地用于学习，这样他们才能度过学习的关键时期，未来才能创造自身的价值。

一直以来，乐乐都想要一部手机。当乐乐第一次提出这个请求时，他才小学四年级，所以妈妈没有答应他。随着时间的流逝，乐乐升入六年级，开始独立上学和放学。妈妈考虑到联系方便就给乐乐配备了一部手机。其实在买手机之前，妈妈也知道手机如果使用不当会对孩子的学习和生活造成负面的影响，但是想到乐乐一直以来还是比较乖巧的也很听话，具有一定的自制力，所以妈妈就把自己用过的手机给了乐乐使用。

有一天放学，乐乐回家后便开始写作业，妈妈出于对乐乐的信任并没有去检查乐乐作业的完成情况。然而两个小时过去，乐乐还没有完成作业。妈妈不由得感到纳闷，走过去打开门的那一瞬间，妈妈看到乐乐正在看手机。听到妈妈开门的声音，乐乐赶紧把手从手机上缩回来。妈妈走过去，拿起乐乐的手机，发现手机非常热，她忍不住问乐乐："你的手机为什么在发热呢？"乐乐假装无辜地看着妈妈说："我不知道呀！"妈妈告诉乐乐："如果你不能控制自己玩手机的欲望，那么我只能没收你的手机。手机只有在长时间玩的情况下才会发热，如果这是你的失误，妈妈可以原谅你一次，但是这样的情况不要再发生。"尽管妈妈给乐乐下了最后的通牒，乐乐还是有两次在玩手机的时候被妈妈发现，妈妈这才意识到孩子虽然有自制力，但是他们自制力还是很弱的，所以他们在面对手机游戏的诱惑时根本无法控制自己。为此，妈妈卸载了乐乐手机上所有的游戏，并且规定乐乐在非学习需要或者是通讯需要的情况下坚决不许看手机。看到妈妈态度这么严肃，乐乐才有所收敛。

青春期男孩的自制力是有限的，父母固然要信任男孩，但是也不要过度相信男孩，因为这会导致对男孩失去监督。父母最正确的态度是既相信孩子，也适度监督孩子，唯有如此，男孩才能控制好自己，才能够有效地使用手机。

◆ 爸妈有话说：

你虽然已经长大，但是还没有独立的经济来源，所以不要过度地追求享受生活，尤其是对于高额手机的追求。手机并非是你生活与学习的必需品，你需要做的最重要的事是好好学习，努力向上，将来才能够有好的人生，才可以凭你自己的能力得到更心仪的手机。

## 男孩，过重的人情消费要不得

中国是一个讲究礼尚往来的国家。在成人之间，如果遇到有红白喜事，大家往往会宴请亲戚朋友以表达情意。中国社会一直以来的传统无可非议，然而，在青春期男孩的团体之中，如今请客之风也渐起。很多孩子模仿父母的样子，在遇到值得庆祝的事情时就会请周围的同学聚在一起吃喝玩乐。不得不说，这对于男孩的成长是绝对没有好处的。

除了有真正需要请客的理由之外，青春期男孩还会因为攀比等心态的影响故意在同学之间发出请客邀请。青春期男孩涉世未深，很容易受到歪风邪气的影响，因此在同龄人的群体之中他们也容易随大流而故意发出请客邀请，这样会给男孩带来沉重的经济负担，也会导致家庭的经济变得紧张。尤其是在同学之间如果因为请客的事情发生矛盾和争执就会影响同学情谊。在人生漫长的过程中，孩童时代的友情是最为纯真纯粹的。青春期男孩不要让这样美好的感情掺杂上过多的人情世故从而导致友谊破裂。

不知道从何时起班级里开始盛行请客之风，仅仅在月考之后的几天之内，乐乐就接到了好几个同学的邀请。这几个同学既有因为考试成绩优异而请客的，也有因为要过生日的，还有的同学只是因为家里的房子大，所以想邀请同学们去家里玩。一开始，乐乐觉得这是同学们瞧得起他，所以总是积极地参与，还会拿出零花钱购买比较好的礼物送给同学。但是随着邀请越来越多，乐乐不由得感到头疼。这样一个月接受几个邀请，他的零花钱根本不够用，他不得不动用存款。乐乐暗暗想道：如果整个学期都这样延续下去，我简直要破产了。为此，乐乐感到非常苦恼。

自从努力挣钱之后，乐乐知道爸爸妈妈的每一分钱都是非常辛苦才能挣到的，因此他不愿意浪费这些钱。有的时候，他参加了其他同学的宴请，等到他考试考好的时候，那些同学就会直接要求他必须请吃哈根达斯冰淇淋或者请吃烤串。对于这样的请求，乐乐根本无力承担，但是他又不好意思拒绝。在进退两难的境遇中，乐乐觉得尴尬极了。

在青春期男孩的群体里，请客绝对是一种歪风邪气。青春期男孩彼此帮助、相互扶持都应当出于纯粹的友谊，而不应该与物质产生任何关系。对于青春期男孩来说，为了请客而浪费自己为数不多的零花钱当然不值得，因此，不要因为不好意思就一次次地妥协。在应该拒绝同学邀请的时候就要勇敢地拒绝。所谓吃人嘴软，拿人手短，当青春期男孩吃了别人的宴席后，那么等到别人要求他宴请的时候，他就无法拒绝。所以青春期男孩要知道相互宴请并不是衡量同学之间感情是否深厚的标准，唯有在遇到困难的时候同学之间的相互扶持和帮助才是真正的情谊。青春期男孩没有经济来源，需要依靠父母的经济支持才能生存，所以应该坚持节俭的原则，而不要因为想赚回面子就与同学进行攀比，更不要因为嫉妒他人就盲目地炫富。现代社会物质生活条件极大地提升，每个人都应该坚持勤俭节约，这样才能够把好钢用在刀刃上，把钱花在该花的地方。

其实除了物质上的宴请之外，青春期孩子之间进行交往的方式还有很多，例如可以与同学在一起阅读有趣的书，也可以和同学进行一场友谊比赛，诸如足球赛、篮球赛等，这些活动方式都是非常积极的，比请客更加环保，也具有可持续性。

◆ 爸妈有话说：

当你渐渐长大，人际关系越来越丰富复杂，你就要面对更多的社交问题。在这种情况下，你一定要坚持自己的原则，笃定自己的内心，而不要因为朋友之间盛行不正确的请客风气就盲目地从众。你要知道真正的友谊从来不以物质标准去衡量，而是彼此之间心意相通，在关键的时候能够相互扶持和帮助，这才是最重要的。

## 如何为同学挑选合适的生日礼物

随着社会生活水平的提高，孩子的生活也发生了翻天覆地的变化，原本孩子们在一起玩耍根本没有那么多物质的影响和交往，但是随着生活水平的不断提升，孩子之间也会互相送生日礼物。原本一句简简单单的生日快乐就能解决的问题，至多再加上一张贺卡或者一本书，到后来变成了赠送价值不菲的生日礼物才能聊表心意，不得不说社会上攀比、浪费等恶劣的现象已经在青少年群体之中蔓延开来。

除了生日之外，一年之中还有很多节日都是值得庆祝的，如果开了错误的先河，用物质上的交流来代替心灵上的沟通，那么青少年就会被物质困住。如果把彼此之间的友谊深浅与礼物的轻重联系在一起，那么青少年之间的友谊就会变了味道，变得越来越世俗，充满社会上恶俗的气息。其实好朋友之间在于心意相通，志同道合，而不在于送给对方多么贵重的礼物。青少年要认清楚这一点，才能坦然地面对物质上的来往。

不得不说的是，青少年没有经济来源，无法在经济上实现独立，因此他们如果想赠送礼物给同学和朋友就必须向父母索要金钱。这样一来，当青少年的交往范围越来越广泛，赠送的礼物过多就会给父母造成沉重的经济负担。其实关于青少年送给同学什么样的礼物这个问题并没有一定的标准。礼物平凡简单，青少年也许担心会影响与朋友之间的情谊；送的礼物太贵重则会导致自己和家庭都承受经济负担。此外，如果送的礼物不合对方心意还会成为他人的累赘；但是如果完全根据他人的心意挑选礼物说不定又会导致自己陷入经济的困顿。由此可见，给朋友同学送礼很容易使青少年进退两难。明智的青少年不会让自己陷入这样的困顿之中，而是会坚持以精神上的祝福来代表自己的心意。或者青少年如果想送礼物给同学，可以送一些礼轻情意重的礼物，例如书籍、一个亲手制作的小礼物等。这些礼物有着很大的独特性，也代表着心意上和精神上的共鸣，所以更容易帮助青少年与朋友建立深厚的感情。

进入初中之后，乐乐发现同学之间的交往和小学阶段截然不同。小学阶段大家彼此之间都处于相互陪伴的状态，相互间的交往很少牵涉到物质上的东西。但是进入初中之后，乐乐第一次过生日就收到了好几个同学送的礼物，而且其中有个同学的礼物还价值不菲。乐乐收到这样的礼物固然高兴，但是一想到等到同学过生日的时候还需要把礼物还回去，乐乐难免感到压力山大。为此，乐乐勉为其难地接受了同学的礼物，还决定以后过生日再也不收礼物，而只收贺卡。

然而，就在乐乐下决心没多久，大班长就要过生日了，班级里的其他同学们都在商量着买礼物呢。乐乐感到很纠结，因为如果其他同学都送贵重的礼物，唯独他送了一张贺卡，那么班长一定会对他有意见；但是如果购买非常贵重的礼物，乐乐又不知道应该买什么礼物。思来想去，乐乐决定送给班长一套书籍。他知道班长很喜欢看书，所以买了一套经典收藏版的《红楼梦》送给班长。班长非常喜欢这个礼物，而且号召同学们在赠送礼物的时候就送书籍，这样既可以显现出彼此的情谊，也可以让大家都爱上阅读，可谓一举两得。

当感情与物质扯上不可分割的关系，随着物质上的负担越来越沉重，人与人之间的感情反倒会变得淡漠。青春期男孩一定要树立正确的价值观，不要以礼物的轻重来衡量自己与其他同学之间的感情，而应该更加注重感情上的共鸣。

送礼物并非越贵重越好，有的时候如果你送的礼物十分契合对方的喜好，即使这份礼物的价值不高，它也可以起到最好的表达效果。

◆ **爸妈有话说：**

真正真心的朋友不会在乎礼物的轻重，以小小的礼物来表达自己内心深处真挚的感情，有的时候哪怕是一张贺卡，上面写满真情话语也足以打动人心。

## 穿戴名牌，就能让你更阳光帅气吗

在很多人的观念中，一个人只有穿得起名牌的服装才能证明他有经济实力。常言道，人靠衣裳马靠鞍。对于很多缺乏自信的人而言，他们似乎只有穿上名牌才能满足心理上的需求，提升自己的气质，才可以给他人留下好印象。其实对于大多数普通人来说，我们完全没有必要盲目地追求名牌，因为奢侈品价值昂贵，与普通人的生活并不相配。只有少数拥有大量财富的人可以自由地购买名牌服装，而对于大多数普通的工薪阶层来说，与其倾尽所有地购买名牌服装，我们不如把钱花在更值得的地方，从而提升生活的品质，让自己的生活更加丰富精彩。

随着社会生活水平的提高，奢侈品消费的势头也越来越猛，那些名牌服装价格非常高，甚至比普通服装贵成百上千倍。青春期男孩在成长的过程中会接触越来越多的人，他们在无形中就会受到他人的影响，也会盲目地追求名牌。如果家庭的经济条件没有达到一定的水平，却把所有的钱都用来购买名牌服装，不得不说这是很失策的决定。与其把名牌挂在身上向别人标榜家里的经济条件非常优渥，男孩不如用这些钱去努力提升自己，增强实力，让自己内心变得更加强大。这样反而会让他人刮目相看。否则只有一个名牌的外壳而内心空虚的男孩是不值得他人尊重和认可的。

此外，盲目地追求名牌很容易给父母造成严重的经济负担。父母本来只需要买普通的衣服给男孩穿，然后用省下的钱来做更有意义的事情，比如进行家庭建设，但是如果男孩因为盲目地追求名牌不断地向父母索要更多的钱就会导致父母特别被动。所以青春期男孩一定要摆正心态，不要以物质作为衡量自己的标准，也不要试图以名牌来标榜自己的身份和地位。

当发现青春期男孩非常看重物质需求的时候，父母要对男孩进行正确地引导。如果男孩不知道挣钱的辛苦，父母也可以让男孩亲自去挣钱，感受父母的辛苦。这样一来，男孩就不会继续向父母提出苛刻和过分的要求。

自从进入初中之后，从来不讲究穿着的飞飞突然就像变了一个人，他不愿意穿妈妈给他挑选的衣服，而是坚持要穿自己选中的名牌服装。有一次，飞飞和妈妈一起逛商场的时候他看中了一双名牌的运动鞋。这双运动鞋要一千多元呢，妈妈根本没有带那么多的钱，而且也舍不得购买这么贵的运动鞋。妈妈劝说飞飞："飞飞，这个运动鞋要一千多块，其实有一千多块钱，完全可以给咱

# 第 07 章
男孩树立正确的金钱观，珍惜每一份来之不易的金钱

们一家三口每人都买一双像样的鞋子，只不过是不带名牌而已，但是鞋子的质量也是非常好的。"对于妈妈的话，飞飞不以为然，他说："你买二三百块钱的鞋子看起来也许是一样的，但穿起来绝对不一样，就连别人看你的眼光都不一样。我宁愿每年只买一次鞋子，也要买名牌。"妈妈无奈，对飞飞说："怎么可能一年只买一次鞋子呢？你的脚长得那么快，而且鞋子穿着穿着就会变脏变臭，需要有其他鞋子换洗。我觉得你不如就买一双普通的鞋子，这样还可以省出钱来给爸爸妈妈分别买一双差不多的鞋子呢！"飞飞生气地对妈妈说："你要是买不起就不要买了，我宁愿光着脚去上学！"

看着飞飞固执的样子，妈妈无可奈何，只好打电话给爸爸，让爸爸送钱过来给飞飞买下这双运动鞋。穿着这双运动鞋，飞飞并不感到满足。他觉得自己的衣服土的掉渣，因而又开始向妈妈要名牌的运动服。妈妈对于飞飞的欲望实在感到很无奈，也根本没有能力满足飞飞，但是飞飞坚持说班级里的其他同学都穿名牌，如果他不穿就会被别人看扁。

飞飞的观点完全是错误的，不是别人把他看扁，而是他缺乏自信，需要有名牌来支撑他的心灵，所以他才坚持穿名牌。实际上对于一个内心笃定的孩子而言，是否穿名牌并没有那么重要。即便穿了名牌，男孩如果不能够在各个方面都出类拔萃，还是会有各种原因令其感到自卑。反之，如果男孩充满自信，不但学习成绩很好，而且各方面的能力都很强，那么，就算不穿名牌，他也会得到同学们的认可和赞赏。

青少年一定不要盲目地追求名牌，否则一旦陷入追求名牌的误区之中，青少年就容易出现心理不平衡的情况。这种情况下，父母要引导青少年消除虚荣心，劝导青少年不要与他人攀比。青少年不要盲目在乎别人的评价，而要保持强大的自信、活出精彩的自己。这才能摆脱"名牌效应"的禁锢。

◆ **爸妈有话说：**

　　孩子，在你的身边也许有很多人穿名牌，但是妈妈和爸爸都是普通的工薪阶层，没有那么多钱给你买名牌。不过，妈妈和爸爸愿意付出所有以给你最好的教育和引导，让你成为一个内心善良、品行端正的人，因为我们认为这才是给你的最好礼物。

# 第08章
## 帅气的男孩懂自律，绝不踏入这些生活的禁区

青春期男孩对生活怀着强烈的好奇心，他们有太多想要尝试的事情，也想要突破和超越自我，但是他们也常常因为好奇心过于强烈而被引入歧途，例如，一旦青春期男孩沾染上抽烟、喝酒、黄赌毒等极其具有诱惑力的不良习惯，他们的生活就会受到严重的负面影响。因此青春期男孩一定要爱惜自己，避开这些生命的危险禁区，这样才是对自己负责任、让自己获得更好的成长的表现。

## 酒精并不适于青春期的你

嗜好烟酒的人都会说烟酒不分家之类的话,所以很多人不但抽烟,而且喝酒。作为家长,父亲如果在男孩面前表现出抽烟喝酒的恶习,那么男孩往往也会因为模仿父亲而沾染抽烟喝酒的坏习惯。

在现代社会,青少年酗酒已经成为一个不容回避的问题。曾经有一个机构专门对中学生进行调查,发现有相当比例的学生都有过饮酒的经验。然而,男孩正处于身体的快速成长阶段,过度饮酒或者对酒精形成依赖性对于身体的危害是非常大的。

过度饮酒会导致人体缺乏营养素,阻碍青少年的健康成长,使青少年性成熟的时间延后几年。此外,过度饮酒还会导致高血压,加速动脉粥样硬化的形成,最终引发心肌梗死和脑出血;强烈的酒精还会刺激青少年的消化道系统,使消化道系统发生炎症或者产生癌变。此外,酒精对于肝脏的危害非常大,因为人体需要用肝脏来分解酒精,因此长期饮酒会使青少年的肝功能遭到破坏。饮酒最直接的危害是让青少年思维变得不清醒,注意力涣散,这样一来青少年如何还能集中精力去学习呢?在酒精的刺激下,青少年还会失去理性,做出过激的行为举动,甚至危害自己和身边的人,这样的结果是青少年无力承受的,因此青少年一定要远离酒精饮品,始终保持清醒和努力向上的生活态度。

自从第一次尝试抽烟之后,马力对于抽烟的印象很不好,因为香烟呛得他不停地咳嗽,所以他很不明白为何爸爸和那些来找爸爸谈论事情的客人都那么喜欢抽烟呢?他们不但抽烟,还常常聚集在一起喝酒。看着喝得东倒西歪的爸爸,马力不知道为何酒精有这么大的魅力,居然能够让爸爸沉迷其中无法自拔,哪怕是妈妈和爸爸吵架,也不能改变爸爸对于酒精的迷恋。因此马力想到：总有一天，我也要尝试一下喝酒的滋味！

　　暑假的时候，马力回到奶奶家里。有一天，奶奶和爷爷去走亲戚了，马力独自在家。趁此机会，他拿出爷爷平日里喝的高度高粱酒，喝了一杯。喝第一口的时候，马力被酒辣得直吐舌头，他找出奶奶腌的咸菜吃了一大口才算把酒的辣味压下去。喝第二口的时候，马力没有那么冲动，他慢慢地抿着喝了一小口。随着辛辣的酒沿着食道缓缓地流入胃里，马力觉得自己的脑袋也昏昏然起来，感到心情很好。马力感到很神奇，他又喝掉了剩下的半杯酒，然后就昏昏沉沉地睡着了。那种半醉不醉的感觉让他很迷恋，他暗暗想道：难怪爸爸这么喜欢喝酒呢，原来喝酒的感觉这么好呀！

　　暑假结束，马力回到家里，又开始了每天去学校上学的生活。在与同学们相处的时候，他再也不会以不会喝酒为由拒绝其他同学的劝酒。每当同学之间聚会时，他总是豪爽地和同学们干杯。有几次，爸爸妈妈发现他喝酒后严厉地训斥了他，他却不以为然，还说同学们都喝酒。在一个同学的生日聚会上，马力因为喝了太多的酒导致胃出血，被同学们紧急送进医院抢救。

　　很多青春期男孩之所以爱喝酒，其实是因为英雄主义情结在作怪，尤其是在酒桌上和其他同学推杯换盏的氛围使他们觉得自己瞬间变得成熟和高大起来，这样的感觉是他们所迷恋的，所以他们总是无所顾忌地喝酒，也总是和其他同学玩行酒令。不得不说，沉迷于酒精对于青少年的身心发展来说是非常糟糕的。

　　能否喝酒从来不是衡量青少年是不是男子汉的标准。真正的男子汉不会用抽烟喝酒的方式装酷，他们的内心从容自信，不会因为别人做什么就做什么，盲目跟风。

◆ 爸妈有话说：

　　孩子，虽然说酒壮英雄胆，但有的时候酒也会使人变成狗熊，让人只知道胆大妄为，不能够进行理性的思考。你现在正处于人生成长的关键时期，身体的发展很快，感情和心灵却不够成熟，所以你应该理性地对待酒精。过度饮酒甚至会危及生命，你还是个孩子，应该做到滴酒不沾。即使长大成人之后，你也不要依赖酒精，因为酒精对人体的危害很大。

## 男孩别让黄色诱惑给青春蒙上灰色

在青春期，男孩的性别意识开始觉醒，与此同时，他们的自制力很差，意志力也比较薄弱。在这个特殊的阶段，如果总是接受性刺激，男孩就很容易做出失去控制的事情。

性意识的萌动使得青春期男孩会情不自禁地看一些关于性的书籍或者浏览关于性的网站等来满足自己对于性的幻想。如果性幻想过于频繁会使男孩的身体发育受到伤害，所以，为了避免身体受到伤害，男孩应该有意识地筛选书籍和电视节目，从而避免遭受太多的刺激。同时，男孩可以采取做更多有意义的事情的方式去转移注意力，从而让自己在性方面能够保持理性。

在传统观念的影响下，大部分家长都会谈性色变，更别说直接给孩子进行性教育了。实际上，如今的青少年会接触到大量的关于性的信息，由于这些信息的不透明或不科学，他们对于性的好奇会越来越强烈。因此，父母应该主动对男孩进行正确的性教育，从而避免孩子受到黄色网站、黄色书籍等的不良影响。当孩子进入青春期后，父母也应该对男孩普及一定的避孕知识，这样才能够让男孩在发生性行为的时候，保护好自己和女孩。

◆ 爸妈有话说：

作为男孩，你一定要学会保护自己，远离那些黄色的书刊、网站、光盘等

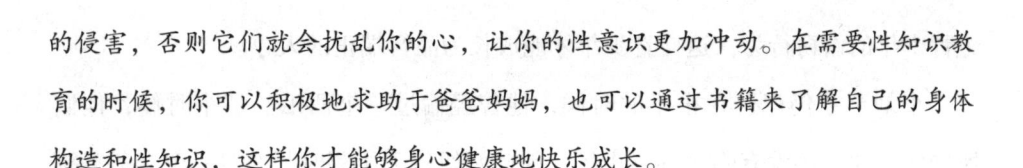

的侵害，否则它们就会扰乱你的心，让你的性意识更加冲动。在需要性知识教育的时候，你可以积极地求助于爸爸妈妈，也可以通过书籍来了解自己的身体构造和性知识，这样你才能够身心健康地快乐成长。

## 男孩绝不能有偷偷摸摸的行为

路遥笔下《平凡的世界》中，家庭贫困的郝红梅为了给其他同学送离别的礼物去供销社偷手帕。正是因为这个行为，她被供销社的主任——侯玉英的爸爸抓住，这导致她的人生发生了彻底的转变。原本可以在村里当民办老师的她，最终与自己心仪的工作失之交臂，嫁给了一个贫苦的农民。后来，她的丈夫去世了，她成了寡妇，带着孩子艰难地生活。这个例子告诉我们偷窃是绝不能触碰的人生红线，它将会彻底改变一个人的命运。青春期男孩如果染上偷窃的恶习，也许前脚踏出校门，后脚就会进入牢房。

少数青少年会有小偷小摸的坏习惯，这是他们在成长过程中被父母纵容导致的。很多父母觉得孩子偷一些小东西无关紧要，却不知道孩子偷着偷着，胃口就会变得越来越大。如今绝大多数父母都坚决抵制偷窃，然而他们在引导孩子走上正途的方面做得还不够。孩子为什么会偷窃呢？这是因为他们的欲望没有得到满足，或者他们的心理有些扭曲，也有的青少年是因为和社会上的闲杂人等混在一起受到不良影响，才会做出偷窃的事情。

无论青少年的偷窃行为因何而起，父母都要引起足够的重视，因为当青少年不断地偷窃，他会获得心理上的满足和快感，直到把偷窃变成一种无法改变的行为习惯。做人总是有很多原则和规则需要遵守。某些原则和规则是人生中不可触碰的红线，青少年一旦越过这些红线就会导致人生沾上污点，所以不管是出于何种原因的偷窃，父母都要严格限制、管理好青少年的行为，要坚决杜绝青少年的偷窃行为，这样青少年才能成长为品行端正的人才。

小刘至今仍记得在很小的时候，他曾经偷过一个西瓜。那个时候，他们所居住的地方还没有固定的菜市场，因此妈妈每天买菜时都要等一个老爷爷拉着平板车来沿街叫卖。有一天，老爷爷拉着平板车来卖菜的时候，他的车上装了很多新鲜的小西瓜。看到妈妈正在和老爷爷买菜，小刘就趁着俩人都不注意的时候偷了一个西瓜，将其藏在自己的衣服里。回到家里，看到小刘偷了一个西瓜，妈妈高兴地夸奖小刘："儿子你可真棒，居然给家里白白弄来一个西瓜吃，这下可以一饱口福了。"得到妈妈的夸赞，小刘从此之后在偷窃的道路上越走越远，他开始肆无忌惮地偷窃各种小东西。随着偷窃行为持续得逞，他内心的欲望也越来越强，后来渐渐地发展成为偷窃习惯。

初中之后，小刘喜欢和社会上的闲杂青年在一起玩耍。因为这些青年有偷窃的行为，所以小刘偷窃的行为也就变本加厉。有一次，小刘居然和青年们合伙来去银楼里偷金银首饰，结果被抓个正着。小刘因此锒铛入狱。在监狱里，他痛彻心扉，悔改自己的行为，也意识到正是妈妈当年的纵容使得他在偷窃的犯罪道路上越走越远。

爸妈的态度对于孩子的影响是非常大的。如果发现孩子有偷窃的行为，父母一定要及时制止，且要态度坚决。有些父母本身就爱占小便宜，看到孩子偷窃丝毫不以为意，却不知道这对于孩子的成长会造成致命的打击。有句俗话叫做上梁不正下梁歪，意思是说父母如果言行不正就无法教育好孩子。这句话非常有道理，所以父母一定反思自身的行为，确定自己能够给孩子做出正确的表率，这样才能在教育孩子的过程中为孩子树立榜样。

如果男孩无法控制自己产生偷窃的念头，总是会受到各种物质的诱惑，这可能意味着他们的心理出现了问题，青少年如果心理上非常健康，有良好的品质，那么，他们哪怕面对物质诱惑也不会心动。因此面对孩子的偷窃行为，父母首先要从孩子的品质上进行反思，这样才能最大限度帮助孩子端正人生态度，并帮助孩子及时地控制和管理自己。

◆ 爸妈有话说：

　　孩子，人穷没关系，最重要的是要有志气。因为穷就去做那些下三滥的事情，我们就真的会被别人看扁，也会让人生染上污点，就此沉沦。当被贫穷折磨的时候，我们最重要的是要努力地成长，让自己在各个方面的能力和水平不断地提升，唯有如此，有朝一日我们才能够靠自己的能力获得想要的东西。

## 纹身，可不是酷炫的标志

　　青春期男孩对于人生充满强烈的好奇心。当看到身边有的人身体上纹着那些酷炫的花纹，他们往往会觉得这些人是时尚和个性的代表，甚至误认为这些人充满了英雄气概，然后就不假思索地模仿这些人。实际上，纹身对于青少年的危害是非常大的，因为它可能会引发感染，产生过敏反应，还可能会引发皮肤病，严重的甚至会造成皮肤癌。而对于疤痕体质的人来说，纹身还会留下疤痕。因此，切勿意气用事，而要冷静理性地思考，对自己的身体负责任。

　　当青少年对纹身蠢蠢欲动的时候，父母还要引导青少年树立正确的观念，避免青少年误以为纹身是非常时尚勇敢的行为。真正的勇敢是能够直面困难、是可以挑战和突破自我、是可以成就看似不可能完成的任务，而不是追求那些表面上的酷炫。

　　青少年之所以不能轻易尝试纹身，就是因为纹身是不可逆的，青少年一旦真正纹身之后就无法将其去除。即使现在的医学手段非常发达，那些去除纹身的手段也依然会在青少年身上留下无法抹去的疤痕。当青少年有朝一日不喜欢纹身了，那么则悔之晚矣。很多青少年在年轻的时候选择纹身，等到长大之后想要进入部队去历练自己时，却发现哪怕采取外科手术的方式去掉这些纹身，也同样彻底失去了进入部队的机会。所以说，有些事情是即使后悔也无法挽回的。因此父母一定要监管好青少年，在发现青少年有不好的思想苗头时，及时给予青少年正确的引导，保证青少年不要做出让自己追悔莫及的事情。

读高中之后，小孟接触的人越来越多，其中不乏一些社会不良青年。小孟在和这些不良青年接触的时候发现这些青年的胳膊上、后背上，甚至是胸口上都纹上了美丽的图案。小孟很羡慕他们，询问他们在哪里做的纹身之后便在后背上纹上了喜欢的图象。

高三毕业后，小孟的高考成绩很不理想，因此爸爸决定让他去参军，在部队里接受历练。然而在体检的时候，部队的人发现小孟的后背上有一个纹身，因此淘汰了小孟。直到此刻，爸爸才知道小孟居然偷偷摸摸地纹身了，为此他生气地对小孟说："这个纹身将是你人生永远的疤痕，你想洗也洗不掉。"

失去进部队的机会，年纪轻轻的小孟没有其他的事情可做，只能继续和那些社会青年混迹在一起。后来，小孟因为和那些社会青年参与抢劫杀人事件，被抓进了监狱，从此以后要在监狱里度过漫长的时间。

青春期男孩对于新鲜的事物充满了兴趣，他们也很愿意自己变得和别人一样。尤其是在同龄人的团体里，别人的言行举止会对青少年起到很重要的影响作用，甚至使得他们在从众心理的影响下做出让自己后悔的举动。因此，青少年千万不要因为一时冲动就选择纹身，否则等到有朝一日后悔时，却发现再也无法清洗掉纹身，只能追悔莫及。

人生中有很多事情值得我们去尝试，也有很多事情是我们避之不及的。青少年要注意避开成长的陷阱。唯有在成长过程中对自己怀着更加负责任的态度，绝不轻易尝试那些不该尝试的事情才能保证人生发展顺利。

◆ 爸妈有话说：

纹身纹上去很容易，但是想要洗掉却不容易，即使采用先进的医学技术清洗纹身，身体上也会留下深深的疤痕。最重要的是这疤痕不仅留在你的身体上，也在你的人生中打下永恒的烙印。所以你千万不要因为一时冲动就去纹身，而要谨慎地思考，更要在关键时刻参考父母的意见，毕竟父母是过来人，在很多事情上能够给予你正确的指导。而且，父母也是这个世界上最爱你的人，他们会永远站在你的身后，成为你最坚强的后盾。

## 男孩，你要明白尼古丁对身体的危害

抽烟对身体有百害而无一利，但是很多青春期男孩对抽烟有错误的认知，他们认为只有真正的男子汉才会抽烟。实际上这种观念很糟糕，还会把男孩置于非常危险的境地之中。

在青春期，男孩身体的各个部位都处于飞速发育之中，烟草中的有害物质会伤害男孩的身体器官。因此，与成人抽烟相比较，青春期男孩抽烟会受到更大的危害，甚至导致成长受到阻碍。曾经有医学家经过专门的调查研究发现，一个人越早开始抽烟，就越容易患上肺癌而死亡。因此青春期男孩一定要控制好自己，不要在不该触碰烟草的年纪里染上抽烟的坏习惯。即使长大成人，青少年也要远离烟草，保持健康。

青春期男孩正处于学习的关键时期，抽烟还会导致男孩的大脑损伤，导致男孩大脑缺氧、思维迟钝、记忆力和思维能力减弱。而且香烟中的尼古丁是神经毒素，会侵害男孩的神经系统，导致男孩患上各种各样的疾病。很多男孩都不知道抽烟还会导致自己视力低下，甚至患上烟草中毒性弱视。这种病症如果发展严重还有可能导致失明。由此可见，抽烟有百害而无一利，因此男孩一定不要被香烟所诱惑，要远离香烟。

一个周末，爸爸妈妈都去单位加班，只有马力独自在家里。写完作业之后，马力就开始看电视。在看电视的过程中，马力看到自己最喜欢的男演员做出了一个抽烟的动作，马上被吸引住了，同时心中产生了强烈的好奇：抽烟到底是一种怎样的感受呢？对于一个男人而言，这样抽烟真是酷毙了。想到这里，马力马上翻箱倒柜，找出爸爸专门用来招待客人的香烟，坐在沙发上跷起二郎腿，然后点燃了一支烟。才抽了一口，马力就被呛得咳嗽起来。正在此时，爸爸回来了。看到马力在抽烟，爸爸很生气地质问马力："你怎么就不学好呢？"马力不置可否地对爸爸说："我看到来客人的时候，你也会陪着客人抽烟呢！"爸爸被马力的这句话问住，不知道如何回答。他想告诉马力这只是一种人际来往，但是，陪客人真的可以作为抽烟的正当理由吗？爸爸也感到很困惑。

要想让青春期男孩不抽烟，爸爸就要为男孩做出表率，不要在男孩儿面前抽烟，最好是彻底戒掉香烟。正如事例中所说的一样，家里来了客人，难道爸爸就有理由和客人一起抽烟吗？抽烟是对身体有百害而无一利的行为，因此，每个人都要坚决地抵制香烟，不要因为任何借口去抽烟。

青春期男孩的模仿能力很强，当看到爸爸在抽烟时，他们就会理所当然地认为自己也可以抽烟。然而，抽烟对肺部的损伤很大，青春期男孩如果沾染上烟瘾，那么未来罹患肺癌的概率就会大大增加。因此，青春期男孩不要因为任何理由去尝试抽烟，而要像远离毒品一样远离香烟。

◆ 爸妈有话说：

孩子，如果你想拥有健康的身体，如果你想未来在绿茵场上快速地奔跑，尽情地运动，就不要沾染香烟。因为香烟中的有害物质不但会伤害你的肺部，而且会损伤你的逻辑思维能力，损伤你的视力，香烟还会诱发肿瘤。总之，香烟对你的身体都没有一点好处，所以你一定要远离香烟。

# 第09章
**不做懒男孩,谁都喜欢勤勉和乐于分享的人**

在这个世界上,人类是群居动物,需要与身边的人密切配合才能有更好的成长和发展。完全自给自足的时代已经一去不返,所以男孩在成长的过程中不但要做到勤勉,更要做到积极地分享,这样才能成为人群中最受欢迎的那个人。

## 谁都讨厌懒惰的男孩

历史上，犹太民族是受苦受难最多的民族，他们生活在非常恶劣的环境中，为了战胜贫穷、获得生存的机会而不得不咬紧牙关辛苦地工作。因此，每一个生存下来的犹太人都是非常勤奋的人。在教育孩子的时候，犹太人会告诉孩子懒惰如同粪便一样让人恶心和讨厌。这是因为犹太人心知肚明，一个人要想更好地生存下去就必须非常勤奋，因为勤奋已经成为犹太人必不可少的品质和生存的技能，每个犹太父母都会把这样的精神一代一代传给子女。

男孩未来想要支撑起自己的人生、支撑起一个家庭，承担起照顾家庭的重任就要更加勤奋。尤其是在不断学习的过程中，男孩更要保持勤奋，才能有实力改变自己。

有些父母常常说孩子天生懒惰，实际上这句话并没有道理，因为一个人的天性不可能是懒惰，而他们究竟是懒惰还是勤奋往往取决于后天的成长。很多孩子之所以非常勤奋努力、坚持上进是因为他们接受了正确的教育；而有些孩子之所以总是懒惰是因为他们在成长的过程中并没有意识到勤奋的重要性，而且他们在父母无微不至的照顾中形成了处处依赖他人的坏习惯。

在西方国家，即使家庭条件优渥的大富豪也不会让孩子养成不劳而获的坏习惯。到达一定年龄的之后，孩子要想获得零花钱就必须为家里做各种各样的家务活儿。有的时候，孩子还会把做家务的业务拓展到家庭范围之外，为邻居做一些力所能及的事，诸如修剪草坪、倒垃圾、送报纸、送牛奶等。这些事情都会给孩子带来相对丰厚的收入，同时也能帮助孩子养成勤奋的好习惯，让孩子从小知道要想过上优质的生活就必须努力而又勤奋。这样一来，孩子在长大之后又有什么理由变得懒惰呢？

和西方国家不同，在中国的家庭里，很多父母把家里唯一的孩子看得至关重要，他们什么事情也不让孩子做，还总是无条件满足孩子的各种欲望和需求。渐渐地，孩子形成了以自我为中心的错误观念，并对父母过度依赖，凡事都不愿意亲力亲为。长此以往，他们的懒惰表现越来越明显，不得不说这种孩子很难真正成才。其实在古代社会，很多先贤为我们留下了要勤奋的训诫，如凿壁偷光、囊萤映雪等事例都告诉我们要想在学习上有所进步就一定要更加勤奋和努力。

孩子要摆脱懒惰就要从生活中点点滴滴的小事做起。父母不要过度关心和溺爱孩子，更不要为孩子包办一切的事情，而应该努力培养孩子爱劳动的好习惯。例如，让孩子自己负责收拾玩具，让孩子负责打扫自己的房间，这样一来孩子至少可以实现生活自理。当孩子有余力的时候，父母还可以让孩子分担一定的家务活，这样一来孩子感受到劳动的价值，也意识到自己是这个家庭真正的小主人，自然会更加投入和参与家庭生活，创造自身的价值。

有人会发现父母越是勤快，孩子越是懒惰，这是因为父母太勤快会增强孩子的依赖性。其实在很多事情上，父母不如故意偷懒，这样可以让孩子做自己力所能及的事情，也可以培养孩子勤奋的优秀品质，帮助孩子培养自理能力。对于父母而言，全身心投入地照顾孩子是很容易做到的，但是随着孩子能力的发展，适时地对孩子放手才是更加明智的教育方式。

古往今来，每一个有所成就的伟大人物都不是懒惰的人。孩子懒惰只会让孩子受罪，所以父母一定要摆正心态，抓住各种机会锻炼孩子亲自动手的能力，这样孩子才能越来越健康地成长。

◆ **爸妈有话说：**

孩子，你应该从自己的事情自己做开始努力提升自理能力，并循序渐进地增强自己在各个方面的能力。要知道，父母即使再爱你也不可能永远陪伴在你的身边，终有一天你要离开父母的保护去独自面对人生、创造新的生活。从现在开始，你就要勇往直前地坚持努力，最终你一定会创造生命的价值，实现人生的精彩与辉煌。

## 你对生活投入多少就会获得多少回报

现代社会，有太多的人都在抱怨生活，他们总是渴望得到更多的馈赠，而从来没有想过自己真正为生活付出了多少，不得不说这样试图不劳而获的思想是可耻的。西方国家流传的一句谚语说的是如果你想得到别人怎样的对待，你就要用同样的方式对待他人。同样的道理，在日常生活中，我们要想得到生活的馈赠，就要先为生活努力付出，唯有如此，生活才会更加眷顾我们。

古往今来，那些伟大的成功人士之所以能够获得成功，并不是因为他们有独特的天赋，也不是因为他们得到了别人的慷慨相助，而是因为他们对于生活始终满怀希望与热情。他们心中燃烧着生活的光。正是在这样的坚持不懈、决不放弃的过程中，他们最终得到了生活的馈赠，也得到了人生的希望和回报。

和抱怨生活的人相比，从来不抱怨生活的人总是对生活满怀感激，所以他们才会得到生活的善待。要知道，这个世界上并没有所谓的命运，一切的事情其实都把握在我们自己的手中。那些抱怨命运的人都是企图不劳而获的人，他们不知道只有在努力辛苦付出之后才能得到生命的馈赠。青春期男孩一定不要形成错误的人生观念，总是抱怨生活，而应该深信自己必须更加主动付出才能够得到好的结果。否则在遇到不如意的事情时就一味地抱怨，非但不利

## 第 09 章
### 不做懒男孩，谁都喜欢勤勉和乐于分享的人

于解决问题，而且会让自己陷入被动的境地，还会导致自己心情低沉，意志力薄弱。

常言道，"宝剑锋从磨砺出，梅花香自苦寒来"。在这个世界上，没有一个人能够一蹴而就获得成功，也没有一个人能够坐享天上掉馅饼的待遇。古往今来，那些能够获得成功的人都在生活中经历了很多的磨难和坎坷，正是因为他们有绝不认输的精神，对生活的痛苦报以希望和微笑，他们才能够战胜这些艰难困苦，真正获得成功。他们用自己的经历向我们传递着泰戈尔笔下的"世界以痛吻我，要我报之以歌"所想表达的生活真谛：哪怕生活再艰难坎坷，只要我们心中始终怀有希望，只要我们以积极向上的态度对待生活，战胜生活中的坎坷磨难，我们最终就能够等来生活的笑脸。

除了以积极心态面对生活，主动出击，善待生活也是我们的不二选择。正如这句英国谚语"赠人玫瑰，手有余香"所表达的内容，当我们对他人慷慨付出，即使他人没有回报给我们，我们也已经得到了最大的快乐。很多内心充实的人都会选择在休息的时候去养老院探望老人或者去孤儿院照顾儿童。他们在忙碌的生活中总是竭尽所能地帮助身边的人，这样的快乐是那些不懂得付出的人从来不会体验到的。记住，你要想得到生活的善待就一定要善待生活。生活就像一面镜子，你哭脸对它，它也对你展示哭脸；你笑脸对它，它才会对你绽放笑容。男孩只有心怀感恩，以认真的态度对待生活，才能得到生活的慷慨回报，才能得到幸福美好的未来。

在很多家庭里，父母都会全盘包揽一切的事物，而男孩只等着享受即可。实际上，这对于男孩形成积极认真的生活态度是非常不利的。要想引导男孩全身心投入地做好生命中的每一件事情，父母就要循序渐进地帮助孩子参与到家庭生活之中。在做饭的时候，父母可以请孩子帮忙择菜洗菜；在洗衣服的时候，父母可以请孩子帮忙洗简单的袜子手帕等，或帮着递送晾衣杆；在家庭大扫除的时候，父母还可以给孩子安排一些力所能及的小事情。这样一来，孩子

就真正参与了家庭事务，而这些也可以丰富孩子的生活，让孩子对生活有更加真切和深刻的感悟。

◆ 爸妈有话说：

一个人对待生活的态度决定了他未来将会拥有怎样的人生，也就是说，你今天怎样对待生活，就决定了未来生活怎样对待你。虽然你还小，还没有完全地投身于生活之中，但是你要学会体验和感受生活，也要养成对生活付出的好习惯，这样你才能得到生活的馈赠。

## 淡定从容的男孩无论大小事都能轻松面对

成功的家庭教育不是给予孩子丰富优渥的生活条件，也不是让孩子真正做到衣食无忧、衣来伸手饭来张口，而是能够教会孩子生活的技能，让孩子具备生存的能力，唯有如此孩子在有朝一日离开父母的翼护也可以独立生存。明智的父母不会对孩子无条件地满足，更不会总是全方位地呵护和保护孩子。他们注重培养孩子各方面的能力，提升孩子的整体素质，让孩子对生活充满智慧，能够透过表面现象看到生活的本质，更加具有生活的智慧。

父母总觉得孩子还小，认为等到孩子长大了就能掌握各种生活的技能。其实不然，如果父母不在孩子小时候提高孩子的能力，那么在不断成长的过程中，孩子就会失去全面发展的好机会。对孩子而言，他们从出生开始就在不间断地学习，若父母给孩子机会做各种事情，孩子的能力就会得以提升，也会渐渐成长。总而言之，别人家孩子做得那么优秀不是没有原因的，父母的用心培养是关键。

在传统的家庭教育中，很多父母只会用言传的方式告诉孩子哪些事情可以做，哪些事情不可以做，以此为孩子划定界限。他们却不知道，孩子不真正经历一些事情是不会长经验和教训的。为此，明智的父母会让孩子多多尝试，哪怕做得不那么尽善尽美，孩子至少可以得到更多的经验和教训，也能够掌握更多生存的技能。对于孩子而言，尽管这样的成长要他们付出一定的痛楚作为代价，但是对于他们的人生是有很大的好处的。

其实，如果孩子没有切身经历过很多事情，他们就没有相关的经验。哪怕父母在他们的耳边唠叨的次数再多，他们也无法切身感受到父母的唠叨之中蕴含着的深刻人生哲理。因此，父母在发现言传的作用没有身教那么明显的时候，不如以言行为孩子树立榜样，也让孩子切身增长人生的经验。

联合国曾经针对教育提出了简单的四字宗旨——学会生存。的确，对于每个人而言，要想有所发展、有所成就都有一个最基本的前提条件，那就是能够生存下来。当然，生存并不是那么简单容易的事情，要想学会生存，至少要做到以下三点：首先，孩子应该学会保护自己，这样才能够以常规的状态生存下来；其次，孩子要学会适应竞争激烈的社会，提升自己生存的能力，让自己生存得更好；最后，孩子还要学会拥有更高的审美观点，这样才能不断地提高自己生存的质量，让自己更好地生存在世界上。在教育孩子方面，每个国家都有不同的模式，而学会生存却是放之四海而皆准的教育目标。对于每个人而言，生命都只有一次机会，每个人只有把握生命的机会更好地生存才能具备更强的能力。

学会生存不仅包括努力地存活在这个世界上，也包括与身边的人搞好关系，学会与人融洽地相处，以及学会解决各种问题。总而言之，学会生存涵盖的面很广，这四个字听起来很简单，实际上要想真正做到却很难。面对青春期男孩，父母要更加有耐心地引导男孩提升和完善各方面的能力，这样男孩才能生存得更好。

整个社会在教育方面都非常关注，很多父母都陷入教育焦虑状态。他们一味地盯着孩子的学习，而忽略了孩子成长的根本。不得不说，这对于孩子的成长是一个误导，也会导致孩子对人生的理解有失偏颇。实际上，不管孩子将来有怎样的人生，只要他能够按照自己的想法活出独属于自己的精彩，就是最大的成功。

◆ 爸妈有话说：

　　孩子，生命对每个人来说都只有一次机会。不管你有多么伟大的理想和梦想，都只能在生存的基础上才能实现。因而，你要时刻牢记提升自己的生存能力，这样才能更好地生存在这个世界上，才能够真正实现理想和梦想。要记住，生活是最好的教科书，你在书本上无法学到的那些人生经验、生存技能，生活最终都会教给你。你一定要擦亮自己的眼睛，有一颗明白清澈的心，这样才能从生活中汲取更多的养分，才能让自己的生活变得更加精彩。

## 爱思考的男孩更能善待生活

　　很多人对于人生始终怀着浑浑噩噩过日子的态度，所以尽管他们已经度过了人生的几十年光阴，但是仍没有透彻地洞察生活的本质和真谛。要想了解生活的本质、洞察生活的真谛，我们就应该始终怀着思考的态度，哪怕对于生活的小事情也应该勤于思考，找寻其真正的答案，唯有如此，我们对于生活的认知才会更加深刻。

　　现代社会中，很多青春期男孩总是容易对生活感到迷茫，又因为处于青春期之中，他们的情绪更加容易波动，他们的内心更加容易受到各种观念的冲击，所以他们的生活反而更加混乱。父母也许可以给予男孩儿很多的帮助，或者给予男孩无微不至的照顾，但是对于男孩而言，真正能够改善他们生活的质量、让他们主宰人生和命运的是他们对思考的态度。每个人都要在生活中学会思考，这样才能更加积极主动地领悟生命的意义；每个人也都要更加全面地去观察生活，这样才能够在成长的道路上不断进步。男孩一定要养成勤于思考的习惯，不要让人生流于表面，不要让人生变得浮躁或者浮夸。只有真正地了解生活，男孩才会健康快乐地成长。

很多父母认为孩子已经非常勤奋地思考了，因为他们对于生活中的很多事情能够提出一万个为什么。面对孩子喋喋不休的提问，有些父母甚至会感到很厌烦，因为工作忙碌，身心疲惫，他们对孩子的疑问采取敷衍了事的态度，或者索性禁止孩子继续提问。实际上，这会在无形中扼杀孩子的想象力，也会让孩子失去提问的热情。明智的父母不会厌烦孩子提问，而是会尽量鼓励孩子提问，也会满足孩子强烈的好奇心，用孩子能够听懂的表述来解答孩子的问题，让孩子的想象变得更加生动而又鲜明。

当孩子的提问超出父母的能力范围时，父母不要搪塞孩子，而应该向孩子承认自己也不知道问题的答案，然后和孩子一起去寻找答案，去书籍上学习更多的知识，或者去网上开拓思维。这些做法不但可以解答孩子的疑问，也可以以身示范告诉孩子每个人都需要学习，从而督促孩子更加努力、用心地思考。总而言之，父母千万不要生硬地禁止孩子提问，也不要盲目地搪塞孩子。对于孩子而言，提问是非常难得的事情。当发现孩子非常热衷于提问的时候，父母一定要保护孩子勤于提问的好习惯。

很多父母认为孩子只有学习成绩好将来才会有出息，实际上生活的智慧并不完全在书本上，也同时存在于生活中那些不起眼的琐碎小事之中。若父母认真对待生活中的小事，针对小事情对孩子展开提问，并认真回答孩子提出的小小问题，就可以让孩子的思维变得更加活跃。有的时候，父母的启发还可以开阔孩子的眼界和视野，让孩子发现原来自己还可以从另外一个方面来思考问题、分析问题。这样一来，孩子的成长自然会更加迅速。

很久以前，一个年轻的犹太人带着一大卷斜纹布，想去淘金的地点把这些布卖给那些淘金的人供他们制作帐篷。然而到了淘金的地方之后，他才发现当地的人根本不需要帐篷。他很发愁，不知道自己应该如何处理带来的那一大卷斜纹布。

一个偶然的机会，他发现淘金人的裤子很容易磨损，因此淘金人总是穿着破破烂烂的裤子。他灵机一动，决定把这一卷斜纹布做成结实的裤子卖给淘金人。果然不出他的所料，这种非常耐磨耐穿的裤子受到了淘金人的一致欢迎。卖掉所有的斜纹布裤子后，他赚了一大笔钱，积累了人生的第一桶金。后来，他不断地研发斜纹布衣服的新款，最终成立了一家服装制造公司专门生产斜纹布裤子。斜纹布裤子从此风靡全世界。

换作别人，当发现那些淘金者不需要帐篷的时候，他也许会很沮丧地待着，虽然不愿意离开，却也没有更好的办法解决问题。但是故事的主人公并没有这么做，他勤于思考，发现斜纹布可以用来做结实耐磨的裤子卖给淘金人。因此，他赚到了很大一笔钱，也积攒了人生中的第一桶金。正因如此，他未来才能成立服装公司，成就自己的事业。

在思考很多问题的时候，我们如果能够换个角度去看待问题，结果就会截然不同。男孩如果掌握了发散性思维的技巧就可以快速提升自己解决问题的能力。当然，父母可以启迪孩子，但最好不要用自己的经验禁锢孩子。因为对于孩子而言，他们的人生充满了无限的可能性，而当父母把自身的经验套用在孩子身上的时候就会导致孩子受到拘束和限制。

◆ **爸妈有话说：**

孩子，生活就是你眼中的样子，但是生活的本质很深刻，远远比你看到的生活表面更加灵动。你正在成长的过程中，应该有一颗敏感细腻的心，在做每一件事情的时候都要带着对生活深深的思考，这样才能洞察生活的本质，才能够了解生活的真相,这对你人生的发展是至关重要的。

## 细心男孩可以准备一本生活备忘录

常言道,好记性不如烂笔头。这是因为一个人即使记性再好,当在生活中需要面对很多琐碎的事情时,也会因为自己的时间和精力有限而在无形中忘记一些事情。为了帮助增强记忆力,也为了避免遗忘那些不该忘记的事情,男孩可以给自己准备一个备忘录,记录每天必须完成的事情。每天结束时,男孩还可以翻看备忘录查看各项事务的完成情况以及避免遗漏重要的事情。

男孩不仅要记录那些必须完成的事情,还要在记录的同时安排好做事情的顺序。这样可以让男孩养成有序生活的好习惯。很多孩子总是一拍脑门就想起来自己忘了什么事情,从而不得不放下手中的事情去弥补。这样一来,孩子的生活自然非常混乱,也会因为时间紧张而搞砸很多事情。

生活质量的高低并非是由金钱和物质决定的,有的时候,一个小小的好习惯就会让我们的生活秩序井然、效率倍增。好习惯的养成也不是一蹴而就的,而是需要循序渐进地去培养的。在生活中,我们可以有意识地让自己养成良好的生活习惯,降低犯错误的概率,提高做事情的效率。

针对人的记忆规律,心理学家艾宾浩斯提出遗忘曲线的概念。遗忘曲线告诉我们,人在刚刚学习新知识之后,会在短时间内就遗忘大部分的内容,所以要想把所学的知识记忆得更加牢固,我们就应该进行及时的复习和巩固。因此,男孩要想保证学习的效果好就要养成时常复习的好习惯。不然男孩就会陷入学了就忘,忘了再学的死循环。

我们的经验告诉我们,人不可能彻底地记住每一件事情,因为人的脑部容量是有限的，人的时间和精力也是有限的。当我们无法凭借记忆来记住很多事情的时候，我们不如就采取记录的方式提醒自己。这样一来，我们只需要记住一件事情，那就是时常看看备忘录就能保证把每一件该做的事情都做好。

当青春期男孩发现自己在生活中总是粗心大意、丢三落四的时候，不如尝试制作备忘录。有的时候，制作备忘录还可以帮助孩子回顾曾经经历过的生活，让孩子更加深入地思考自己所做的事情。这样一来，孩子的记忆能力也会得到良性的发展。当然，对于那些没有做完的事情，孩子也可以通过查阅备忘录来督促自己将来能努力认真地去做好每一件事。

当然，对于年幼的孩子来说，如果他们还不会写字，制作备忘录就会变成一件有一定难度的事情。这个年龄段的孩子则可以用画画的方式来给自己进行提示。例如，曾经有一个四岁的孩子，在和妈妈去超市的时候，因为妈妈让他帮忙记住要买哪些东西，所以他就准备了一张小纸条，并且在纸条上画上方方的豆腐、椭圆形的玉米和长长的面条等形象的图画。等到了超市，他就对着小纸条提醒妈妈需要购物的物品。不得不说，这也是一个好方法。父母不要小瞧孩子的智慧，不要等到孩子特别大的时候才去帮助孩子养成制作备忘录的习惯，而应该在孩子的能力达到相应阶段的时候就引导孩子循序渐进地养成制作备忘录的习惯，这对于孩子成长而言是有利而无害的。

备忘录对于每个孩子的作用都是不同的，每个孩子也都可以根据自身的情况决定自己喜欢的备忘录方式。总而言之，只要备忘录能够对孩子的记忆起到积极的辅助和推动作用，就是有意义的。

◆ 爸妈有话说：

每个孩子都有自己的生活，你当然也是如此。你可以选择自己喜欢的方式去生活，但是那些必须做的事情是不可以被遗忘和忽略的，所以，你可以用自己喜欢的方式制作备忘录来帮助你记住重要的事情。备忘录可以不拘一格,只要它能够起到提醒你的作用,能够帮助你更合理地安排生活和学习,它就是合格的备忘录。

## 第10章
### 有想法就要去做，好男孩要做自己命运的主人

哪怕是再好的想法也要通过行动才能变成现实。而孩子们如果只有美妙的设想，却从来不付诸行动，则只会导致设想变成空想，也使得孩子们在成长道路上遭遇更多的困惑。记住，信心是人生的翅膀，当孩子下定决心把想法付诸现实的时候，孩子就会更加勤奋和努力，也会更加一往无前。

## 你不行动就永远尝不到成功的滋味

好的想法如果始终被停留在空想阶段对于孩子的成长是毫无意义的。青春期男孩在有了非常好的想法之后，一定要马上行动将其变成现实，这样对自己的人生才会有切实的意义。当然，理想到现实中间隔着漫漫的长途，男孩一定要非常努力、坚持不懈，即使在遇到困难的时候也要永不放弃，如此才能够不断地接近人生的目标。

行动才是真正迈向成功的第一步，想法再好都无法缩短你与成功之间的距离。男孩天生果断坚决，具有超强的行动力。因此，男孩一定要培养自己的行动力。唯有如此，男孩才能够真正主宰自己的人生和命运。如果男孩总是犹豫不决，在遇到困难的时候就陷入困顿之中，那么对于他们来说，这样的成长就是一种煎熬。

当然，既然是尝试，就一定会有成功和失败这两种可能。男孩要知道，如果因为惧怕失败而放弃尝试，则连成功的小小机会也都彻底失去了。所以男孩应该强大自己的内心，坦然接受成功和失败这两种可能的结果，这样才能在成长之中不断地努力进取，才能把人生变得更加充实。

应该注意的是父母不要强求孩子一定要获得成功，而应告诉孩子胜败乃兵家常事，一件事的结果本身就是多样的。这样孩子才能摆正心态，从容地接受有可能出现的结果，才能够在面对各种机会的时候勇往直前地尝试。当然，在面对很多事情的时候，孩子一定会感到不同程度的难度。孩子如果觉得这些事情有很大的难度，那么就可以先从简单的事情开始做起。这样一来，孩子会得到小小成功的喜悦，也会得到激励和更强大的力量。当然，如果一件事情简单容易到让孩子觉得做起来索然无味，那么就无法对孩子形成挑战性，所以父母可以为孩子安排一些通过努力才能实现的目标，从而激发孩子的能力，也让孩子拥有更强大的爆发力。

对于每个人而言，梦想都是美丽的，就像在天边遥不可及的云霞，哪怕我们拼尽全力奔过去，也不一定能够马上实现和达到。然而，就像人们已经成功地登上了月球，不可能实现的神话已经变成了现实一样，所以对于梦想，孩子也应该怀着坚定不移的态度去实现。这就像跑马拉松一样，也许刚开始跑的时候，孩子会感到非常疲惫，甚至呼吸都不顺畅。为此，他们很后悔自己为何要开始这样一段漫长的征途。但是随着不断地坚持，他们距离目标越来越近，在达到一个又一个小目标之后，他们受到鼓舞，也不断地突破和超越身体的极限，因而变得更有力量。这样一来，他们会把别人远远地甩在后面，保持自己的速度稳步地向前。常言道，凡事都要有一个开始，凡事也最怕认真。当孩子怀着认真的态度绝不放弃时，他们就能够战胜困难，也能够保持决心和勇气。需要注意的是，在养育孩子的过程中，父母要告诉孩子坚持不懈，也要引导孩子在面对困难的时候挑战和突破自我。毕竟真正的强者是绝不会轻易放弃的，真正努力的孩子也可以激发出自身更加强大的潜能。

从小学三年级开始学习写作文，乐乐就有一个想法，他想坚持写日记。但是一想到自己每天都要写一篇相当于作文的日记，他又感到畏缩和怯懦。就这样，他犹豫了很长的时间，始终没有把想法付诸实践。终于有一天，他看到表姐拿着厚厚的几本日记向他炫耀时才下定决心也要成为一个日记达人。

在最初写日记的时候，乐乐每天写一篇大概需要用三十分钟，为此他感到很痛苦，因为这相当于把他写作业的时间延长了很多。但是随着坚持写日记的时间越来越长，乐乐感受到了写日记的乐趣。渐渐地，他每天不写日记都会觉得少了一些什么。每天晚上洗漱完之后，乐乐安静地坐在桌前，通过写日记的方式回顾自己一天的所得所失，在这样自我反思的过程中，他有了很大的进步。看到乐乐的状态，爸爸由衷地竖起大拇指，对乐乐说："乐乐，你可真是一个有毅力的好孩子！"

如果对于很多事情都未雨绸缪，我们就会觉得有很多的困难无法战胜，也会预见到糟糕的结果；但是当我们真正去做的时候，随着事情的不断发展，很多不利的因素都会转化为有利因素，而且事情也会不断地往前推进，所以结果未必会像我们想得那么糟糕。

不去试一试怎么知道呢？不管面对怎样的可能，我们都要努力勇敢地尝试，这样才能够最大限度把握结果，才能够真正展现和验证自身的能力。

◆ 爸妈有话说：

不管什么时候，你都要努力认真地去尝试，因为当你不去尝试就被困难吓倒的时候，就失去了成功的可能性。记住，哪怕只有万分之一的可能，我们也要拼尽全力去努力，这样才能够用行动证明我们的实力，才能够用行动迎来最好的结果。

## 一旦有了目标，就要坚持不懈地努力

人生实际上只有三天时间，那就是昨天、今天和明天。对于每个人来说，昨天已经成为不可改变的过去，因而我们不应为了昨天的不如意或者是遗憾耿耿于怀，而应勇敢地放下昨天，努力地过好今天。在昨天、今天和明天之中，今天具有非同寻常的意义。因为随着时间的流逝，今天将会变成昨天，而今天做得如何又会决定我们在明天的收获，所以今天是承上启下的重要一天，甚至可以说每个人唯一拥有的一天，就是今天。只有过好今天，我们才会拥有无怨无悔的昨天和值得期待的明天。这完全符合活在当下的现实主义思想，每个人都应该在短短的人生之中设定远大的目标，并且为了目标坚持不懈地努力经营

## 第10章
### 有想法就要去做，好男孩要做自己命运的主人

每一个今天。记住，梦想始终在前方向你招手，你必须非常努力，不顾一切地奔向梦想，才能距离梦想越来越近。

很多人误以为只要非常努力，就能获得成功，实际上这种观念是错误的，因为成功无法一蹴而就，也不会被每个人轻易地得到。一个人要想获得成功，首先要为自己设定一个目标，然后才能形成努力的路径。唯有在努力的路径上坚持不懈地拼搏，积极进取，这个人最终才能距离成功越来越近。由此可见，我们不仅要清楚目标的作用，而且要认识到目标的重要意义，这样才能够让自己的努力有方向，也让自己的努力效率更高。

《花花公子》的创始人海夫纳就是一个目标明确的人。早在非常年轻的时候，他就立下了伟大的志向。他很擅长画漫画，因而进入了漫画公司工作。后来，他发现当时非常热销的杂志《老爷》吸引了大多数的男性读者，创办得非常成功，为此，他也想创办属于自己的杂志。为了了解《老爷》杂志社的经营和运作模式，他宁愿薪水低一些，跳槽到《老爷》杂志社工作了好几年的时间。在这几年的时间里，他完全熟悉了《老爷》杂志社的运作及经营模式，从《老爷》杂志社出来之后，他就创办了自己的杂志社，名字叫《每月女郎》。《每月女郎》创刊之后销量非常高，这导致《老爷》杂志对《每月女郎》意见颇深，甚至派出律师要起诉《每月女郎》。为了躲避无妄之灾，海夫纳不得不把《每月女郎》改名为《花花公子》。让他惊讶的是，改名之后，杂志的销量非但没有下滑，反而更加飞速增长。这样的结果，令海夫纳感到非常欣慰。

海夫纳为什么能够成功呢？就是因为他很清楚自己想要什么。在制定目标之后，他就向着目标不断地前进，尽管过程是曲折的，但是他最终到达了自己的人生巅峰。可以与海夫纳相媲美的是著名演员施瓦辛格。当初，施瓦辛格之所以进军演艺界，是因为他从年轻的时候就想成为州长。但是施瓦辛格的家境很平凡，他没有渠道参与政治，为了让自己的知名度更高，他只好

先进军演艺界。然而，在贫民窟长大的施瓦辛格进军演艺界也不是那么容易的。为了在公众面前脱颖而出，他不得不参加健美先生比赛。通过在健美先生比赛中胜出，他顺利进入公众的视野。此后，他才有机会进军演艺界。最终，施瓦辛格不但成为了好莱坞巨星，而且如愿以偿地在退出演艺圈之后成为了加州州长。对施瓦辛格而言，这当然是莫大的成功，但是这个成功并非来自于命运对他的青睐，而是因为他很清楚自己要什么，并且朝着目标不断地努力。

男孩一定要树立人生目标，这样才能够让人生的方向更加明确，才能够让自身的力量不断地增强，从而获得最终的成功。在人生之中，每个人都应该确立目标，并且要为了实现目标而不懈努力。如果没有坚定不移的心，在遇到坎坷挫折的时候，怎么会有勇气迎难而上呢？在坚强意念的支撑下，男孩才能想方设法排除成功路上的障碍。

古往今来，每一个成功者都是战胜坎坷挫折后才能获得成功的，所以男孩最重要的是在目标的指引下不懈地努力。要知道，人生从来不会平白无故地从天上掉馅饼，更没有一蹴而就的成功。在机会面前，人人平等；在命运面前，人人都要拼尽全力才能够做得更好。

◆ 爸妈有话说：

只有在人生目标的指引下，人才能始终勇往直前地奔向目的地。没有目标指引的人生就像失去灯塔和罗盘的海中航船，很容易迷失方向。所以你一定要为自己制定目标，这个目标可以很远大，支撑你在成长路上不断前进；也可以是短期目标，指引你的短期行为。总而言之，你不能漫无目地在人生的海面上漂泊，最终不知所终。

## 男孩，你要做自己命运的掌控者

有人说，人生是一场没有回程的旅行。的确如此，人生是没有回程票的。在生活之中，每个人将会遇到什么、经历什么，完全是随机的，取决于各种因素的综合作用。没有人可以预见自己的人生将会怎么样，但是有一点是可以肯定的，那就是每个人的人生都会遇到各种坎坷、挫折与磨难，不会始终一帆风顺、顺遂如意。打比方来说，生活就像在攀登一座高耸入云的大山，越是在向上攀登的过程中，人们越是会遇到各种各样的阻力，有的时候是恶劣的天气，有的时候是突然而至的泥石流。因此，有的人在遇到小小的挫折和坎坷之后，马上选择放弃，他们宁愿往山脚下走，找一处安静的地方把自己藏起来，也不愿意继续攀登，毫无疑问这样的人与成功无缘；而有的人则不会如此，他们天生就有不服输的精神，越是前路漫漫、道路艰难，他们越是知难而上。面对人生道路上的荆棘，他们从不畏惧，哪怕跌倒了，摔得鼻青脸肿，也会第一时间爬起来擦擦脸上的泪水，拍拍膝盖上的泥土，继续砥砺前行。曾经有心理学家经过研究证实，绝大多数人的先天条件都相差无几，之所以有的人能够获得成功，有的人总是与失败纠缠，就是因为他们对待失败和坎坷挫折的态度截然不同。

很多人把人生的不如意归之于命运，却不知道真正的命运只掌握在自己的手中。因此，男孩一定要相信自己就是命运的主宰。记住，任何时候，一个人对于生命的态度决定了他将会拥有怎样的生活，这一切都是外部的环境所无法改变的。

有一天，上帝闲来无事，决定去人世间走一走、看一看。他刚刚来到农田里就遇到了农夫。上帝原本以为农夫并不认识他，却没想到农夫第一时间就认出了他是上帝。农夫赶紧跪倒在上帝面前，对上帝说："上帝啊，我祈祷了几十年终于能够见到您，希望您能满足我的愿望。"上帝感到很纳闷，问：

"几十年的时间里,你都在祈祷些什么呢?"农夫回答:"我祈祷能够风调雨顺,没有任何的病虫灾害,让庄稼有个好收成。"上帝说:"我在创造世界的时候就创造了风雨、创造了病虫灾害,因为我创造世界的原则就是不能够风调雨顺、顺从民意。"农夫听到上帝这么说,赶紧跪下来亲吻上帝的脚,恳切地说:"上帝,如果您能够不让风雨和病虫灾害发生,田里的收成一定会非常好。"看到农夫这么虔诚,上帝答应农夫让他享受一年的风调雨顺、没有病虫灾害。农夫得到上帝的许诺后高兴不已,他想:如果在下一年的时间里天气真的很好,我一定会有成倍的收成。

一年的时间转瞬即逝,到了收获的季节,农夫惊讶地发现他的土地里竟然颗粒无收。这是为什么呢?正在这时,上帝再次降临这片土地。看到土地的情形,上帝微笑不语。农夫质问上帝:"上帝啊,天气这么好,也没有病虫灾害,为何我的庄稼没有收成?"上帝告诉农夫:"一个人如果不经历任何考验,就不能够拥有坚强的脊梁,承担起重要的责任。一粒麦子如果没有恶劣的自然环境与它抗衡,它就会失去生存的意志力,最终变成一个空壳。"农夫恍然大悟。

麦子如果不需要面临风雨,也不曾遭遇病虫灾害的威胁,非但没有好收成,反而会导致颗粒无收。人如果始终生活在顺遂如意的环境里就会失去生活的动力,也会导致自己变得非常颓废和沮丧。孩子的成长也是如此,明智的父母不会给孩子创造无忧无虑的生存环境,而是会让孩子承受一定的苦难和挫折,这样孩子才会变得更加坚强、有毅力。

◆ 爸妈有话说:

面对人生的逆境,不要抱怨,也不要悲观,你要知道,这一切都是命运对你最佳的考验。当你能够承受这些磨难,就会变得更加坚强;当你能够面对不公也依然心怀感恩,你才会真正变成人生的强者。

## 男孩，你始终要相信自己

当一个人面对困难总是轻易放弃，不断地质疑自己、否定自己，那么即使他所面临的困难并没有那么艰巨，他也无法真正地战胜困难，因为在他的心里住着"退缩"两个字。伴随着退缩而来的还有沮丧、悲观、绝望等负面情绪，这样当然会击垮人的精神世界，也会导致人在成长的过程中陷入各种负面情绪之中无法自拔。

事实上在现实生活中，没有人能够一蹴而就，更没有人能够随随便便就能过上想要的生活，每个人都会经历生活的磨难，也会在生活的艰难坎坷之中洞察生命的真相。然而，无论生活多么艰难坎坷，我们都不应该轻易放弃，一旦我们放弃了，我们就彻底与成功绝缘。尤其对于孩子而言，在成长的过程中一定会遭遇各种磨难，因此孩子就更要坚持自己的内心，坚持相信自己。

自信的力量就是说孩子要相信自己的能力，要在相信自己的过程中坚持努力、绝不放弃，这样才能战胜内心深处的自卑，从而在遇到困难的时候继续勇往直前、坚定不移。对于孩子的成长而言，自信是精神的核心力量，自信能够让孩子鼓起勇气去面对困难，也能够让孩子排除万难实现梦想。在一步又一步努力进取的过程中，孩子距离成功越来越近，距离梦想也越来越近。不得不说，自信对于孩子的成长至关重要。相比自信的孩子，自卑的孩子就像漏了气的气球一样，根本没有办法飘浮到天空中。

一个年轻人因为自己身无分文而郁郁寡欢，对于人生都失去了希望，整日徘徊在河边，不知道人生的出路在哪里。有一天，年轻人正在河边徘徊的时候遇到了一个教士。看着年轻人失落的样子，教士忍不住问年轻人："年轻人，你怎么了？"年轻人回答："像我这样一文不名的穷人根本没有资格活在这个世界上。"教士听到年轻人的话，笑着说："其实你是一个百万富翁啊，难道你不知道吗？"年轻人很惊讶地问道："我怎么可能是一个百万富翁啊？

我连一百块钱都没有！"教士说："如果让你付出健康为代价换取二十万，你愿意吗？"年轻人不假思索地摇摇头。教士又问："如果让你以付出青春为代价换取二十万，你愿意吗？"年轻人还是摇摇头。教士继续问道："如果让你付出年轻英俊为代价换取二十万，你愿意吗？"年轻人想了想再次摇头，表示不愿意。教士接着问："假如让你付出聪明智慧为代价，让你变成一个傻瓜，但是你能够得到二十万，你愿意吗？"年轻人当然不愿意，他觉得教士的话越来越不入耳，转身想要离开。教士喊他："年轻人，等一等，我只有最后一个问题。如果现在我给你二十万，但是你必须按照我的要求去杀人，下半生注定要在监狱里度过，你愿意吗？"年轻人抓狂起来，对教士喊道："你简直疯了，居然提出这些不可思议的问题，我为什么要做这些事情？"教士哈哈大笑起来，说："看看吧，你不正是一个百万富翁吗？你的健康、青春、年轻、智慧、良知就是你的资本，轻轻松松就值一百万。你不愿意为了金钱而放弃它们，你比百万富翁还更加富有啊！"听着教士的话，年轻人恍然大悟，他高兴地告别教士，觉得自己的人生充满了希望。

很多人明明很富有，但是他们毫不知情：在拥有健康的时候，他们并不知道健康的可贵；在拥有聪明才智的时候，他们却抱怨自己没有足够的钱；在能够自由地行走在人世间的时候，他们却从未想到失去自由的人只能透过天窗看着外面的世界；在相貌英俊潇洒的时候，他们没有意识到这是命运对他们的赏赐。因此他们尽管拥有很多，却总是对命运怨声连连，觉得自己得到的太少，觉得命运太过残酷。而直到真正失去这一切的那一刻，他们才意识到自己的富有，但是一切已经为时晚矣。

在成长的过程中，每个孩子都会有各种不如意，其实只要想一想自己已经拥有却视若无睹的这些东西，男孩就会意识到自己的生命多么有价值、有意义。每个人都是上帝的子民，上帝对每个人都是公平的，在给一个人关上一扇门的同时，也会给他打开一扇窗。因此，不管得到命运怎样的对待，我们都应该珍惜自己所拥有的一切，相信自己是世界上最幸运的人，也相信通过自己的努力就能收获更好的未来。

◆ 爸妈有话说：

珍惜你所拥有的一切吧，因为当你相信自己是这个世界上最幸运的人时，你就真的会变得幸运。反之，如果你整天怨天尤人、唉声叹气，你一定会觉得自己没有得到命运的善待，也会因此而陷入非常悲观绝望的境地。

## 男孩不做马大哈，凡事做到尽善尽美

很多人在做事情的时候都只注意把握大的原则和方向，而忽略了细小的环节。实际上，真正追求完美的人不但会坚持原则和方向，也会坚持把每一件小事情都做好。因为一个真正稳重的人，不管在什么地方，也不管面对什么事情，都会做出符合自身品行和道德的事情。从这个角度来说，越是面对很多小事情的时候，越是能够呈现出一个人做人做事的习惯，也可以彰显出一个人的品性。父母要告诉孩子，哪怕在细节之处，也要坚持原则和底线，这样才能够尽量把每一件事情都做到最好。

很多人都听说过见微知著，这句成语的意思是从微小的地方可以看出大的方面。对于孩子的成长，很多父母都会为孩子制订条条框框的大原则，却忽略了培养孩子对细节的关注。实际上，在细节方面的成长恰恰能够代表孩子真正的思想境界和为人品质。

男孩要想受人欢迎、要想给他人留下良好的印象，就一定要做好细节方面的事情，不能忽略细节。要知道，很多事情看似付出努力就能完成，而一旦在细节方面有了疏忽，就会导致全盘皆输。因此男孩固然要付出很多的时间和精力去做好大的事情，但也要在做小事情的时候更加理性慎重，这样才能够把小事情做得恰到好处，才能在成长的过程中让自己更趋于完美。

教师节到了，妈妈为乐乐准备了三份小礼物，分别送给三位任课老师：语文老师、数学老师和英语老师。因为礼物是装在礼盒中的，妈妈担心老师不知道礼物是谁送的，所以还特意为乐乐准备了三张贺卡，让乐乐在贺卡上写上祝福的语言送给老师。

让她惊讶的是，乐乐是一个非常细心的男孩。在给语文老师的贺卡上，乐乐写满了充满真情实意的话。原来，乐乐上一个学期的时候因为一些误会与语文老师发生了不愉快。他没有忘记这件事情，在爸爸妈妈的教育下，他也早就认识到自己的错误。所以，他主动在贺卡上写道："老师，我曾经不懂事，给您制造了很多麻烦，非常对不起您，也希望您能原谅我。"看到这样情真意切的话，老师深受感动，不但私底下感谢乐乐，还在课堂上公开表扬乐乐写的祝福语充满真情实意。得知这件事情之后，妈妈由衷地对乐乐竖起大拇指说："乐乐，你的情商真是飞速地提升，你的做法非常棒，妈妈为你骄傲！"

因为误会和老师之间发生矛盾和冲突而使得师生关系僵化，不得不说，这对于孩子而言是一件很糟糕的事情。幸好乐乐能够把细节做得非常好，把对老师的祝福语写得情真意切，由此一来真正地消除了老师心中因为误解事件产生的隔阂，从而修复了师生之间的关系。

一个人的为人品性并不是只有在大是大非面前才能表现出来，其实在很多小事情上因为一时心急，人往往会顾此失彼，或者本能地从自身角度出发考虑问题，为了维护自己的利益而做出考虑不周全的行为。男孩虽然总是粗心大意，但是在必要的时候也要小心谨慎、思虑周全，这样才能够把细节做得更好。把细节做好的男孩在人际交往中更受欢迎，也可以更加彰显出自己真实的状态，所以男孩一定要深思熟虑，这样才能够在处理很多问题的时候做得面面俱到。

第 10 章
有想法就要去做，好男孩要做自己命运的主人

◆ 爸妈有话说：

　　孩子，不要只顾着做好大事情而忽略了小事情，因为从某种意义上而言，小事情更能表现出你内心真实的想法和你的知识与涵养。记住，当你方方面面都做好了，你才能得到每一个人的认可，才能够在人际交往中得到他人的尊重。

# 第 11 章
## 坚持自我管理，从小培养好习惯成就美好未来

学会自控和自我管理，男孩才会有更好的前途，否则，原本就缺乏自制力的男孩又如何能够在成长的过程中更好地获得成长呢？作为父母，我们在教养男孩的过程中也要注重培养男孩的自制力和自律力，这样才能让男孩真正地成长。

## 管控自己的时间，做时间的主人

在这个世界上，如果说有一种绝对的公平，那就是时间赋予每个人的公平。对于任何人而言，时间都是绝对公平的，每个人每天都只有二十四个小时，每一个小时都只有六十分钟，每分钟都只有六十秒。不管一个人是有权有势还是穷困潦倒，时间总是滴滴答答地向前，从来不会为他停下脚步，在时间的流逝中，生命也悄然流逝。正如美国著名科学家富兰克林所说的"时间是构成生命的材料"，所以每个人都要更加珍惜时间，也要努力向上。

现代社会，很多人整天忙忙碌碌，奔波不息，总是说自己的时间不够用。实际上时间对于每个人都是公平的。既然你不是日理万机的总统，也不是事务缠身的军机大臣，为何会时间不够用呢？当看到别人悠闲自得的生活，当看到别人把每件事情都处理很好的时候，你应该反思自己：我不是没有时间，而是因为不懂得管理时间，所以才会成为时间的奴隶。

华罗庚在《统筹方法》一文中以生活中常见的烧开水泡茶为例，让人们了解到通过统筹方法可以把一项任务的工序进行合理安排，从而节约时间。学了这篇文章之后，大家的确在安排时间方面受到了很好的启发，但是依然有人不懂得如何合理安排时间。其实时间就像海绵里的水，挤挤总还是有的。对于时间的珍贵，大文豪鲁迅先生曾经说过："浪费他人的时间等于谋财害命；浪费自己的时间，等于慢性自杀。"因此，对于每个人都同样拥有的时间，我们一定要学会合理安排，也要学会把时间当成是自己最珍贵的资源去珍惜。这样一来，我们才能够提升时间的利用率，才能够合理安排好人生。

每个人在每一天之中都要处理很多事情，这些事情有轻重缓急之分，并不是每件事情都是重要且紧急的。为了合理利用时间，我们就要对这些事情进行分类，第一时间完成那些重要且紧急的事情，然后完成那些紧急但不重要的事情。在完成那些重要但不紧急的事情之后，至于那些既不紧急也不重要的事情，我们可以在有时间的情况下去做，如果没有时间，则可以完全放弃。这样一来，我们就可以更高效地利用时间，还可以调整好时间，从而实现时间的最大效用。

有时间观念的人是很遵守时间的。在人际交往中，一个人如果不懂得遵守时间、浪费他人的时间就会给他人留下非常恶劣的印象。遵守时间首先包括高效利用时间。为了更好地利用时间，我们应该学会管理时间，在事情还没有到来的时候就制订计划，规定每个时间段该做的事情。这样一来，只要按部就班地按照计划去做事，我们就不会过度浪费时间。当然，遵守时间还包括在相处的过程中不浪费他人的时间。例如，我们在拜访一位亲近朋友的时候，和对方约定好会在两点到三点的时间内，那么你就不能迟于两点到达朋友的家里，也不要在到了三点之后依然赖在朋友家里不走，因为到了三点之后，朋友很有可能会有其他的安排。即使朋友没有其他的安排，那也是属于朋友的私人时间，你不能去霸占。

很多人说话的时候喜欢进行长篇的铺垫，觉得这样可以营造良好的氛围，让谈话更加顺利地进行下去。实际上，对于时间观念特别强的人而言，这样的铺垫是在浪费时间。如果对方只给你五分钟或者是三分钟，你还有时间去进行长篇累牍的铺垫吗？对于不同的情况，我们应该采取不同的策略，如果时间紧迫，就应该开门见山；如果是在进行闲聊，有大把的时间可以用来挥霍，那么则可以先进行铺垫。总而言之，时间对于每个人都是非常宝贵的，时间是组成生命的材料，生命对于每个人只有一次机会，所以浪费他人的时间无异于谋财害命。因此，男孩一定要学会管理时间，因为随着不断地成长，男孩的主要任务不再是玩耍，而是要面对学习、工作、人际交往等各种复杂的事情。在这种情况下，只有珍惜时间，给自己留出更多的时间，男孩才能够努力地做好每一件事情。

◆ 爸妈有话说：

　　学会管理时间之前，你会发现原本的二十四小时只有二十个小时可以用，但是在学会管理时间之后，你会发现二十四个小时可以做很多事情。我们虽然无法预计生命将会在何时戛然而止，但是我们可以通过提升对时间的利用率，来延伸生命的长度，这样一来，生命才会更加充实和有意义。

## 告别拖延，男孩要有立即去做的行动力

　　现代社会，很多人都有拖延症，明知道自己应该马上就开始做一件事情，但是他们总是不断地拖延下去，找出各种理由和借口延迟行动。事实上拖延症不论是对于一个民族、一个企业还是一个具体的人而言，都会导致生命的流逝和时间的消耗。有的时候，伟大的理想和切实可行的计划在拖延的过程中都会变成空想。因为当我们拖延的时候，外部的世界一直在发展和变化，周围的环境也处在不停的变动之中。也许原本很适合我们去做一件事情，现在因为拖延导致我们不适合再去做，所以我们要更加珍惜时间，做事情绝不拖延，这样才能够把学习和工作都处理和安排好，提升生命的效率。

　　要想远离拖延症，除了要珍惜时间，当机立断地展开行动之外，我们还要拥有勇敢的心。有些人做事情的时候之所以总是推三阻四、犹豫和迟疑不定，是因为他们总是摇摆不定，无法做到坚定不移。在面对各种选择的时候，他们也会因为无法权衡利弊而放弃选择，就让事情这样僵持下去。从另一个角度来说，要想戒除拖延，就要更有胆识和魄力，能够分析事情的利弊，从而最大限度地发挥自身的力量。

## 第11章
### 坚持自我管理，从小培养好习惯成就美好未来

如今，很多人都羡慕世界首富比尔·盖茨家财万贯，却不知道比尔·盖茨当初从哈佛大学退学的时候是非常果断的。如果比尔·盖茨和他的好朋友一样选择等到学业结束后再去创业，他的人生也许就会变得截然不同。好的机会千载难逢，转瞬即逝，只有不拖延的人才能当机立断抓住好机会。一个人如果陷入拖延的怪圈之中，即使有再好的机会，也会不知不觉地错过。所以要想戒掉拖延，我们还要拥有勇气。

有一户人家娶了一个新媳妇。新媳妇到家之后，就开始操持家务，干各种各样的家务活。新媳妇在修整菜园的时候，发现菜园里的小径上有一块大石头。这块石头正巧挡在菜园的道路中间，走路的时候必须绕着石头走上半圈。为此，新媳妇决定把石头挪走。

听说新媳妇要和巨大的石头作战，家里人都劝说新媳妇不要白费力气。丈夫告诉新媳妇："你看那块石头那么大，你根本就搬不动，搬了也是白费力气，而且泥土下面一定还埋了很大一截，不知道要挖多大的坑，才能把石头挖出来。况且我们也没有足够的人手，无法把这么巨大的石头抬走。"新媳妇笑而不语，当即拿起镢头去刨石头。出乎意料的是，她才挖了没有一会儿，整个石头就露了出来。原来，这块石头只有它表现出来的那么大，地底下只有很小的一部分，所以只需要两个人就可以把石头抬走。正是因为新媳妇的到来，菜园才变得畅通无阻，否则家里人每次去菜园都要绕着石头走半圈。

家里人之所以总是被石头挡住道路，就是因为拖延导致他们长时间地承受困扰，也是犹豫不决让他们错失了尽早挖走石头的好机会。人都会在不知不觉之间把事情想象得非常困难，实际上，只要真正地付诸行动来战胜困难，我们就会发现事情并没有那么糟糕。而且在行动的过程中，各种事情本身也在不断地向前推进和发展，甚至原本存在的阻力也会消失。由此可见，真正阻碍人们清除困难的不是困难本身，而是人的懒惰、软弱和拖延的本性。在遇到问题的时候，我们一定要当机立断去解决问题，而不要总是推三阻四。

记住，要想有所成就，要想实现自己的想法，我们就必须马上展开行动。在这个世界上，每个人都要面临和解决很多问题，生命如此短暂，美好的时光转瞬即逝，与其杞人忧天，还不如当机立断展开行动。哪怕在行动的过程中遭遇失败，也比停留在原地设想无数种可能来得更好。

◆ 爸妈有话说：

你一定要记住，当即展开行动，不管你面对的是怎样的困难，只有行动才有成功的可能，否则一切美好的想法都会变成毫无意义的空想，你的人生也会成为一种摆设。

## 绝不将今天的事拖到明天

人生就像多米诺骨牌，当你在某一天没有完成自己既定的计划而导致人生不断拖延下去的时候，你的人生就会陷入更加困窘的境地。因为每天都有需要做的事情，你如果把今天的事情拖延下去，那么明天就没有时间完成该做的事，这会导致我们变得被动，是我们应该极力避免的。

人生之中的很多事情并不是独立存在的，它们相互之间都有关联。人一定要制定远大的目标，如此才能给人生确定方向，让人生有所指引。但是人生的价值并不是由目标决定的，而是由实际行动来决定。即使目标再远大，你如果不能付诸实际行动，而总是让目标变成空想，那么目标就是毫无意义的，也不会对人生起到督促的作用。因此，男孩一定要养成努力完成目标的好习惯，否则，如果男孩每天都积压一些没有完成的事，那么他们每天的事情都会不断地堆积，人生的脚印也一定会变得凌乱不堪。

因为缺乏自制力，男孩常常会犯拖延的毛病。很多父母误以为孩子天性喜欢拖延，实际上孩子并不是天生就爱拖延，而是因为在后天成长的过程中孩子没有养成合理安排生活和学习的好习惯，所以才会拖延成性。爸爸妈妈不要把孩子的拖延视为理所当然，因为这会对孩子的成长起到糟糕的影响，也会导致孩子拖延的坏习惯日益严重。父母一定要积极地引导孩子养成今日事今日毕的好习惯，如此孩子才能够充实地度过每天。也只有每一个今天都过得充实而又有趣，孩子才会拥有无怨无悔的昨日，才会拥有值得期待的明天。在这样良性的循环之中，孩子的人生会变得更加充实精彩。

想让男孩做到今日事今日毕，父母就要努力提高男孩的自制力。归根结底，男孩的自制力很差是因为他们的身心发展还不够成熟，也是因为他们的人生经验还很匮乏。在男孩成长过程中，父母要刿心刻肺地引导孩子、教会孩子合理计划和安排时间。否则，孩子若总是对自己的事情处于放松的态度，那么当时间不知不觉间溜走后，哪怕他们感到懊悔，也无法再把时间争取回来。

不管是父母还是孩子都要养成今日事今日毕的好习惯，这样才能够充分利用生命中的每一分钟，才能够把手里的每一件事情都做得恰到好处。一旦形成观望的态度，对于人生空有美好的想法却不愿付诸实践就会导致人生进入懈怠的状态，也会使得人生在拖延中变得一事无成。当然，培养孩子的时间观念并非是朝夕之间就能做成的事情，父母首先要为孩子树立积极的榜样，给予孩子极大的推动力，这样孩子才能渐渐地形成时间观念。否则，如果父母做事情就喜欢拖延，那么在父母的言传身教下，孩子受到的负面影响是很大的。

小学阶段作业比较少，所以小可每次都能够完成作业，虽然拖延的时间比较长，不过也并没有因为不能完成作业而被老师批评。进入初中之后，作业量越来越大，放学的时间也比小学变得更晚一些。这样一来，小可每天放学之后可以用来写作业的时间就大大减少，加上作业又增加了很多，为此，小可在完成作业方面陷入非常被动的状态。他经常因为没有完成作业而被老师批评，又因为写作业到太晚而哈欠连天，错过了老师在课堂上讲的重要内容。各种因素综合在一起，小可在学习上退步很大。爸爸妈妈看到小可的状态很着急，却不知道如何帮助小可。

一个偶然的机会，爸爸参加了知名教育专家的讲座，得知孩子提升学习效率的最关键之处就在于今日事今日毕，一定要引导孩子学会合理安排时间，以提升学习效率。回到家里之后，爸爸当即把刚刚学习到的育儿知识运用到小可身上。他帮助小可一起制订时间计划表，这样一来小可就可以有条不紊地完成作业。当然，最开始的时候，小可并不适应这样紧凑的时间安排，为此也有一些排斥。在爸爸的坚持下，他居然提前完成了作业，这让他有了很大的成就感，也从抵触变为配合，积极主动地完成作业。

孩子其实不愿意拖延，但是他们一旦养成拖延的坏习惯就会成为时间的奴隶，被时间追赶。要想让孩子养成当天的事情当天做完的习惯，要想让孩子的人生不因为时间的追逐而变得紧张、局促，父母就要引导孩子学会制订计划。因为只有在计划的安排下，孩子才能按部就班地完成该完成的事情。在制订计划之后，父母最重要的是帮助孩子执行计划，如果计划制订得非常完美，但是孩子不能切实执行，计划就会空洞且毫无意义。

只有把每天该做的事情做完，孩子在次日才有充足的时间去做最该做的事情。这样一来，孩子的人生也就不至于紧张局促。等孩子每天都能完成该做的事情，他们就会在不断积累的过程中提升和完善自我，并且得到更好的成长和发展。

◆ 爸妈有话说：

孩子，你每天都有该做的事情，所以不要把今天的事情推到明天去做，否则人生的多米诺骨牌就会被推翻，导致你未来的日子里会积累越来越多的任务。当这些任务堆积如山时，你根本无法面对。解决这个问题最好的办法就是要求自己一定要完成当天的任务，这样才能够生活得更加从容。

## 时间易逝，男孩要有珍惜点滴时间的意识

时间就像海绵里的水，挤挤总还是有的。一个人拥有再多的财富，也不如拥有更多的时间。很多成功人士最大的优点就是懂得珍惜时间，他们深深地知道，时间就是金钱，时间就是生命。男孩要想拓宽生命的宽度，想让人生变得充实而有意义，首先要从珍惜时间开始做起。当然，只有时间观念是远远不够的，在时间观念的指导下，也要从生活的细节中节省点点滴滴的时间，这样才能够提升时间的利用率，才能够让人生变得更加充实。

珍惜时间首先要从节省时间、积累点滴时间开始。科学家经过统计之后得出结论，在漫长的一生之中，每个人都有三分之一的时间用于学习和工作，有三分之一的时间用于睡眠，还有三分之一的时间用来休闲。实际上，这三分之一的休闲时间是非常零散的，往往化整为零，填塞在人生的很多间隙中。假如一个人从年轻的时候就学会珍惜时间，那么他到年老的时候就会有大量的休闲时间。男孩要想进步，就要学会利用这些零散休闲的时间，从而有效拓展人生的宽度。

珍惜时间，除了挤出点滴的时间之外，我们还要提升做事情的效率。一个人如果数十年如一日坚持做自己喜欢的事情，就会产生质的飞跃。尤其是在高效利用这三个小时的情况下，时间给人带来的质变是让人震惊的。在同样的时间里，有的人可以做更多的事情，效率高效；而有的人只能做很少的事情，效率低下。所以父母要想培养孩子珍惜时间的观念，让孩子学会把点点滴滴的时间聚集成时间的海洋，就要从这两方面入手。

当然，时间不会因为任何人而驻足，它总是滴滴答答地往前走，悄然流逝。父母要善于管理时间，这样才能够以身作则地引导孩子珍惜时间。生活中的每时每刻都有时间在悄然流逝，如果父母能够抓住点点滴滴的时间做那些重要的事情，就可以提醒孩子不断地改进自己对时间的安排，提高对时间的利用

效率。

当然，父母也要意识到孩子的生活是需要劳逸结合的，请避免始终盯着孩子珍惜时间，因为这样会导致孩子不堪重负、苦不堪言。在孩子感到疲惫的时候，父母要给予孩子更多的时间去休息。唯有如此，孩子才能做到劳逸结合，在做事情的时候效率也会更高。有的时候男孩会假装在做一些事情，而实际上却在偷懒。与其如此，父母不如让孩子玩的时候高高兴兴地玩，学的时候全力以赴地学。孩子只有休息好了才能全身心投入，做好该做的事情。总而言之，父母要督促孩子珍惜时间，也要尊重孩子的身心发展规律，从而对孩子做出适度引导。

常言道，凡事过犹不及。父母对于孩子寄予太高的期望时，也常常会因此而对孩子感到失望。过度督促和逼迫孩子则会导致孩子产生逆反心理。尤其是处于叛逆期的男孩，他们一旦产生逆反心理对于他们的成长就是极其不利的。因此父母一定要掌握正确的方式方法引导孩子，否则就会导致事与愿违。

◆ 爸妈有话说：

在人生的间隙中，有无数细小的时间都在悄悄地溜走，你如果能够争分夺秒地抓住这些时间来学习或者做自己喜欢的事情，就无形中延伸了人生的长度。记住，没有人能决定生命的长度，但是生命是否有效率，你是可以把握的。

## 男孩，无论如何都要控制好情绪

青春期男孩的情绪波动非常强烈，也很容易冲动，他们的心境不但变化多样，而且非常复杂。因此青春期男孩在人际交往的过程中，很容易因为情绪不稳定而导致人际关系恶劣，也有可能因为情绪的变动而使得自己陷入被动的境地。很多人都坚持以真面目示人，其实在人际交往中，完全地坦露自己的内心并非一件好事情。例如，男孩心中有负面情绪，如果他们总是把这种负面情绪表现出来就会给他人也造成很大的压力。如果男孩心中有愤怒的情绪，那么为了维持人际关系的良好发展，男孩最好控制这种愤怒的情绪，然后想办法解决问题，否则一味地发泄愤怒只会导致双方都变得很尴尬，甚至加剧事态的发展。

不轻易表达自己的情绪并不是指以假面示人，虚伪地对待他人，而是人际交往中的一种修养。只有有涵养的人才能始终面带微笑对待他人，而那些缺乏涵养的人一旦听到别人说了不入耳的话，马上就会与他人反目成仇。不得不说，这样的人心胸狭窄，时间久了，大家就会渐渐地远离他，不愿意继续与他相处。此外，不轻易表达自己的情绪也是保护自己的一种方式。当一个人如同玻璃人一样透明，内心所有的想法都被他人看透，往往会带来不好的后果，如让自己尴尬，甚至被别有用心的人利用。男孩一定要学会控制好自己的情绪，这既是有礼貌、有涵养的表现，也是保护自己的方式。

当然，除了天生的性格因素之外，大部分男孩都是在后天的成长之中逐渐养成的控制自身情绪的能力。在陪伴男孩成长的过程中，父母要引导男孩变得更加稳重，教会他以正确的方式合理地宣泄自身的情绪。总而言之，不要让男孩成为情绪的奴隶，总是被情绪驾驭和驱使。

刚开车的老司机都知道开车的时候要做到宁停三分不抢一秒，这是因为红灯亮起就意味着交通的状况发生了改变。男孩要生气的时候也可以保持这样的原则，宁停三分，不抢一秒。实际上，各种愤怒等负面的情绪就像是情绪道路上的红灯，孩子很容易在这个重要的关口做出错误的选择。在这个时候，与其着急地表达自身的情绪，男孩不如保持冷静，这样才能够更加稳重，才能够更加从容地面对一切。

愤怒对于解决问题没有任何好处，而且情绪外露不但会暴露自己内心真实的想法，也会导致他人陷入尴尬之中。为了维护人际关系的和谐融洽，男孩一定要学会控制好自己的情绪，越是在愤怒的情况下，越是要保持情绪平静，这样才能彰显自身的涵养和气度。与此同时，男孩也不要总是肆无忌惮地将愤怒呈现在脸上，这样既是对他人的尊重，也有利于自己素质的提升。

当然，如果面对一个情绪失控的人，你也要做好自己该做的事情，不要利用情绪来激怒对方，也不要利用情绪来控制对方。相反，你应该尽量帮助对方平复情绪，也可以试着换位思考，站在对方的立场和角度上考虑问题。这样一来，你就能够更加理解和宽容，也可以帮助对方更好地成长。

◆ 爸妈有话说：

每个人都有自己的情绪。人是感情动物，更是情绪的动物，在日常生活中，面对不同的事情时，人难免会产生各种各样的情绪。当情绪发生的时候，你不仅要控制好情绪，也要理解和体谅他人的情绪，这样才能让人际交往顺利开展下去。

# 参考文献

[1]菲力浦·切斯特菲尔德, 紫图出品. 一定要告诉儿子的那些事[M]. 北京: 北京联合出版公司, 2019.

[2]王晓辉, 郭春光, 刘俊. 你一定要告诉儿子的那些事[M]. 北京: 中国纺织出版社,2019.

[3]闫晗. 一定要告诉儿子的那些事[M]. 天津: 天津科学技术出版社, 2020.

[4]王荣华.正面管教男孩100招[M]. 北京: 民主与建设出版社, 2017.